CREO, LUEGO CREO

W9-BYB-516

Jordi López Daltell

Creo, luego creo

Creer en la gente para crear resultados

EMPRESA ACTIVA

Argentina - Chile - Colombia - España
Estados Unidos - México - Uruguay - Venezuela

© 2009 *by* Jordi López Daltell
© 2009 *by* Ediciones Urano, S.A.
   Aribau, 142, pral. - 08036 Barcelona
   www.empresaactiva.com
   www.edicionesurano.com

ISBN: 978-84-92452-26-2
Depósito legal: B - 17.003 - 2009

Fotocomposición: Ediciones Urano, S.A.
Impreso por Romanyà Valls, S.A. - Verdaguer, 1 - 08786 Capellades (Barcelona)

Impreso en España - *Printed in Spain*

Agradecimientos

Este libro nunca hubiera visto la luz sin la colaboración, el aliento y el apoyo de muchas personas que han creído que escribirlo era posible e, incluso, necesario.

Algunas de ellas como Hugo Calós, Diego García, Santiago Gijón, César González, Julius Lamb, Pedro López Ahedo, José María López, Juan Francisco Martín, Joaquín Martínez, Manuel Oliveira, Toni Ramos, Antonio Rasteiro, Francesc Recasens, Pedro Rusco y Jorge Vieira leyeron el manuscrito y han contribuido a convertirlo en un libro.

Y otras, como Laura Mari Barrajón, creyeron que existían vivencias, aprendizajes e historias que debían ser escritas y compartidas antes incluso de que yo pensara en ello.

Nunca hubiera sido posible escribirlo de no existir en la realidad las situaciones y proyectos que en él se describen de forma novelada.

Tampoco hubiera sido posible crear esos proyectos sin las personas que creyeron que eran factibles y necesarios y que confiaron en mí para ayudarles a liderarlos.

Y, por último, pero no por ello menos importante, todo ello no hubiera existido sin los centenares de personas que día tras día los han vivido, los han sentido, los han hecho suyos y han creído en mí como su guía en ese camino.

Quiero, pues, expresar mi más profundo y sincero agradecimiento a quienes a lo largo de todos estos años han estado relacionados con estos proyectos y han confiado en mí como profesional y como persona.

Sin todos ellos, la historia que aquí se cuenta nunca hubiera existido, nunca hubiera sido escrita y nunca hubiera sido publicada.

A MARTA y ADRIÀ,
por un número casi infinito de razones.

Índice

PRIMERA PARTE. YO, CARLOS

SEGUNDA PARTE. NOSOTROS

TERCERA PARTE. ¿TODOS?

Índice

CUARTA PARTE. ¡TODOS!

Prólogo

Es el tiempo de los valientes. En los momentos en que escribo estas líneas, la economía mundial vive una de las peores crisis que se recuerdan, y nuestro país está técnicamente en recesión. La solución, individual y colectiva, a esta crisis provocada por la desigualdad y la codicia, es generar confianza a través del coraje. No queda otra.

Por eso el libro de Jordi es tan útil y tan apropiado. El autor de *Creo, luego creo* nos cuenta unas vivencias (de ficción, pero toda obra es en cierto modo una autobiografía), a partir de las cuales sus creencias se ha forjado. Hace falta ser muy valiente, como lo es Jordi, para presentarse ante nosotros, para desnudar su alma ante nosotros, sin otro material que una vida narrada. Una buena prueba de generosidad, que sin duda va con Jordi, porque nos anticipa en la *Introducción* que lo que le ha gustado desde siempre es ayudar a los demás.

Leerás a Jordi López Daltell en las siguientes páginas contándonos los avatares profesionales de Carlos como consultor. Jordi nos traslada a Islandia y a Argentina (referencias reales, según él mismo comenta) para mostrarnos, sin género de dudas, el valor de la Confianza. ¿Un libro sobre creencias (creencias personales, «Yo creo»), una historia personal, que se basa en la confianza? Puede parecer paradójico, pero realmente es así. Creer en algo es tener fe. Como nos enseñó en su día el gurú Stephen Covey, no es «si no lo veo no lo creo», sino «si no lo creo, no lo veo». Nuestras creencias determinan nuestra visión de la jugada. Es nuestro esquema mental, nuestros paradigmas, lo que provoca que percibamos el mundo de determinada manera. No hay peor ciego que el que no quiere ver.

La confianza es la capacidad de tener fe en el otro (la autoconfianza, la seguridad en uno mismo, es la fe en las propias capacidades). También citando a Covey, la confianza funciona como una «cuenta corriente emocional», con sus depósitos y sus reintegros. Sólo a través del ejemplo, de lo cotidiano, se genera confianza. Por tanto, también es una cuestión de creencias. Los desconfiados, los escépticos, son incapaces de confiar, de tener fe en el otro. La confianza es el gran activo social. Las organizaciones que confían en sus directivos cuentan con climas de satisfacción, rendimiento y desarrollo, esenciales para obtener los resultados que desean. Las sociedades que confían en sus dirigentes avanzan y progresan. Los equipos que confían en sus líderes obtienen los triunfos que merecen.

Jordi habla, de forma novelada, de un proceso de cambio en la empresa. Como lo hace a partir de su amplia experiencia, podemos comprobar el realismo de sus sugerencias, de sus consejos. No es en absoluto un modelo teórico el que nos propone, sino el fruto generoso de lo que muy probablemente ha vivido, de los obstáculos que ha debido superar, de las inesperadas fuentes de ayuda. Su verosimilitud provoca que sus aportaciones sean especialmente valiosas, al hablar a partir de las vivencias.

De esto está hecho el liderazgo. De lo que Jordi nos cuenta a través de este libro. De escucha atenta, de ideas claras, de preocupación por las personas, de emociones y cómo gestionarlas, de ilusión y de confianza. Los grandes temas de nuestro tiempo... y seguramente, de todos los tiempos (la cita de Hamlet que inicia el capítulo XIV demuestra que los asuntos que ocupaban al bardo son los mismos que le interesan a Jordi López Daltell).

Te animo a disfrutar, querido lector, de esta historia de éxito. Humana, cercana, encantadora. Una historia actual sobre la materia de la que están hechos los sueños, sobre los procesos que nos llevan al éxito y sobre los efectos que todos deseamos en nuestras empresas. El marcador favorable es la consecuencia de hacer las cosas bien, con sentido y con sentimiento, nunca la causa.

Gracias, Jordi, por ofrecernos un texto tan inspirador. Una obra amena y práctica que nos ayuda a mejorar como profesionales y como personas, que permite que nuestras organizaciones y quienes forman parte de ellas den lo mejor de sí mismos y lo hagan cada vez mejor. Sí, Jordi, es Creer para Crear y tú la has creado. Una gran obra.

JUAN CARLOS CUBEIRO
Enero de 2009

Prefacio

Mientras escribo estas líneas voy camino de casa en un avión que ha despegado de Lisboa. Jordi me ha pedido que le escriba una introducción a la historia de Javier, Miguel, David y Carlos: una fábrica y las personas que trabajan en ella luchando por salir adelante, como empresa y como personas.

Conozco bien el trabajo de Jordi. Podría decir que es porque hace cuatro años que soy su jefe. Y es cierto, pero tan sólo es una parte de la verdad.

La verdad completa es que en estos años hemos impulsado y liderado más de una veintena de proyectos en diferentes fábricas del Grupo Roca, como el proyecto que ustedes podrán leer en este libro. Proyectos en entornos culturales tan diferentes como el norte de África, España, Portugal, Europa del este y Sudamérica.

Proyectos de cambio cultural, de cambio de estilo de mando, de desarrollo de equipos de trabajo, de motivación y compromiso. Proyectos también que, como consecuencia, mejoran los resultados de nuestras fábricas. Proyectos en los que todo esto y mucho más tiene cabida porque, en definitiva, son proyectos de, por y para personas.

Les decía que estoy en un avión de vuelta a casa. Vuelvo de una reunión como las que ustedes van a leer en el libro.

Estoy físicamente agotado pero satisfecho, esta última es una sensación muy habitual en mí y en todo mi equipo. Un equipo que desde hace casi cuatro años nos dedicamos a esto de ir saltando de fábrica en fábrica, de país en país y de continente en continente, tratando de hacer que las personas sean un poco más felices cada día. Sí, amigo lector, ha leído bien, nuestro trabajo consiste en hacer que las personas sean más felices. Sin duda, un trabajo estupendo, pero realmente agotador.

Oscar Wilde decía que el único egoísmo saludable, permitido y necesario es el de hacer felices a los demás con el fin de estar mejor uno mismo. Si usted es capaz de sentir esta frase no necesita más. ¡Enhorabuena!, acaba de conseguir esclarecer en cinco segundos el fondo de todas las teorías del desarrollo de personas, equipos y organizaciones que se iniciaron en el siglo XX y que son la bandera de la vanguardia del siglo XXI. Si usted siente esta frase, a usted va destinado este libro. Si a usted, de manera personal o de forma egoísta, le interesa hacer que la gente que le rodea sea más feliz, a usted va destinada su lectura, ya que éste es el primer paso para que usted mismo sea mejor.

Después de todos estos años, Jordi y yo hemos impulsado y consolidado programas utilizando el sistema que él desarrolla en estas páginas, en más de veinte centros de producción y con grandes resultados. Resultados directos en el rendimiento global, en las cifras de cada fábrica —que son resultados cuantificables—, así como otros resultados indirectos —difícilmente cuantificables—, como serían mejoras del clima laboral o minimización del absentismo y presentismo, por ejemplo.

Hace ya bastantes meses que Jordi acabó el manuscrito y me lo dio para que lo leyera. Sin embargo, estos días he vuelto a leerlo para poder escribir estas páginas. Y el mensaje que transmite el libro: los valores y competencias que hay detrás de las acciones, sigue siendo hoy aún más vigente si cabe que cuando lo leí por primera vez.

Desde esa primera lectura hemos visto caer mercados de valores y a las instituciones públicas acudir al rescate de pilares del capitalismo y celebrar cumbres de estado para «curar las heridas».

Quizás estemos asistiendo al final de una era y de una manera de hacer economía basada en la especulación, en el corto plazo, en lo «no real».

¿Y cuál es la alternativa? La alternativa, amigos lectores, pasa por las personas y pasa por la realidad. Pasa por centrar las empresas en el talento, en el conocimiento, en la experiencia, en el compromiso y pasa también por poner un foco gran angular que permita ver los resultados a corto, medio y largo plazo y no sólo la inmediatez. Eso, entre otras muchas cosas, es lo que van a encontrar en este libro. La descripción novelada de proyectos basados en personas que buscan mejorar la realidad.

Esta historia va de todo eso que hace que las personas que están con usted sean mejores y, sobre todo, de lo que usted debe hacer para ser mejor, ya que es el primer paso para ir hacia la excelencia. Si no está dispuesto a dar ese paso se ha equivocado comprando este libro, ciérrelo y siga sobreviviendo como lo ha hecho hasta ahora e intente llegar a su jubilación lo mejor que pueda.

Aquí se explicará lo que debe hacer, pero sobre todo lo

que jamás debe hacer, es decir, todas y cada una de las cosas que, si las lleva a cabo, harán que su vida y la de las personas de su alrededor sean su purgatorio. Como siempre en esta vida, es una cuestión de decisión, usted debe decidir su actitud a partir de ahora. En mis primeros pasos como profesional de Recursos Humanos, un compañero del departamento de personal, me explicaba: «Diego, en la empresa hay tres tipos de personas: las que piensan en sí mismas, las que piensan en la empresa y las que piensan en sí mismas y en la empresa. Tiene que decidir dónde se encuadra usted». Efectivamente, es una cuestión de decisión y esa decisión afectará a su futuro y al de las personas que tiene usted a su alrededor.

Como alguien dijo a su joven aprendiz hace muchas generaciones en una galaxia muy lejana: «No lo intentes. Hazlo o no lo hagas, pero no lo intentes». Jordi y yo hace tiempo que tomamos esa decisión. Y usted, ¿qué ha decidido hacer?

DIEGO GARCÍA SOLANO
Roca Sanitario, S.A.
Training Manager
20 de octubre de 2008

Introducción

Desde niño he querido ayudar a la gente. Tardé en saber con exactitud qué quería hacer con mi vida, pero siempre tuve claro que sería una profesión que sirviera para ayudar a las personas. Finalmente, decidí estudiar Psicología y, al finalizar la universidad, formarme como terapeuta familiar.

Sólo una sucesión de coincidencias, con motivo de la organización de los Juegos Olímpicos de Barcelona en el verano de 1992, me hizo entrar en contacto con el área de Recursos Humanos.

Para aquellos que tuvimos la gran suerte de participar de forma activa en su realización, ya sea como voluntarios o trabajando, lo que allí vivimos fue un punto y aparte en nuestras vidas.

Durante años me he preguntado qué lleva a más de 100.000 personas a trabajar durante días, incluso semanas, y sin compensación económica alguna, para que la organización de un evento funcione a la perfección.

Cualquiera de los que tuvimos la oportunidad de vivir desde dentro la organización de aquellos juegos podemos certificar algo todavía más sorprendente: la euforia, el entusiasmo, la pasión y la entrega que todos y cada uno de los más de 100.000 voluntarios y asalariados que integrábamos el «Equip 92» poníamos en todas las pequeñas o grandes cosas que hacíamos.

Todos y cada uno de nosotros sabíamos que éramos parte de algo más grande, de algo que nos trascendía, y todos sabíamos que éramos imprescindibles para el éxito de los Juegos de Barcelona, los Juegos de la XXV Olimpiada.

¿Por qué cuento precisamente ahora todo esto?

Desde la finalización de los Juegos Olímpicos de 1992 siempre había creído que aquel clima de entusiasmo y euforia que nos envolvió fue una excepción propia de un proyecto específico y de unas condiciones únicas e irrepetibles, y pensaba que crear sentimientos intangibles como la ilusión, la pasión, la entrega y la felicidad en el trabajo era algo teóricamente posible pero en la realidad poco menos que improbable.

Hasta una afortunada mañana de julio de 2004. Desde entonces y, hasta la fecha, he podido descubrir que no sólo es posible vivir la ilusión, la pasión, la entrega y la felicidad en el trabajo sino, y eso es lo más sorprendente, también es posible crear las condiciones para que otros puedan experimentarlo. Y, quizás esto le interese, crear ese conjunto de sensaciones en las personas y entre las personas es altamente rentable para una empresa. Insisto, es posible y rentable. Altamente rentable. No es una teoría. Es una realidad.

En el libro que ahora tiene en sus manos he intentado resumir de forma novelada, pero de la manera más sencilla posible, algunas situaciones reales vividas en estos años a lo largo de casi 300 sesiones de trabajo como las que se describen en la segunda y tercera parte de este libro.

Introducción

He intentado que tanto los personajes como las situaciones actúen como un recipiente en el que poder verter todo el conocimiento y experiencia profesional acumulados, con el único objetivo de compartirlo con ustedes. Por último, al final de cada capítulo hallará algunos consejos relacionados con las situaciones y contenidos descritos en los mismos. No son conclusiones científicas, ni referencias a modelo teórico alguno. Son tan sólo consejos extraídos de la experiencia.

Disfruten del libro.

Barcelona, 20 de abril de 2008
JORDI LÓPEZ DALTELL

POSDATA. Las situaciones narradas son en su inmensa mayoría reales y también lo son las referencias a Islandia y Buenos Aires. Sin embargo, cualquier otro nombre de persona, ciudad, fábrica o país que se cite en este libro es ficticio.

PRIMERA PARTE

Yo, Carlos

1

Érase una vez

Veo las cosas del mundo y me pregunto ¿por qué?
Sueño con cosas que nunca fueron y me pregunto
¿por qué no?

GEORGE BERNARD SHAW

Era un viernes de finales de junio. Hacía un sol abrasador. Era mi sexta actividad de formación al aire libre aquel mes y estaba trabajando con todo el departamento comercial de KERIN, una empresa familiar dedicada a la fabricación y comercialización de vajillas de porcelana.

Después de dos días encerrados hablando sobre estrategia comercial, conociendo los nuevos productos y trabajando sobre la comunicación, aquel viernes por la mañana correspondía la tradicional actividad al aire libre para «crear equipo» y «descargar adrenalina».

La actividad ya había acabado y, mientras empezaba a recoger materiales, Javier se acercó con paso decidido. Javier es el director de la fábrica más antigua y de mayor capacidad productiva de las tres con las que cuenta en la actualidad la empresa, así como el responsable de la producción de las tres fábricas del grupo. Y Javier es Javier

Querín, primogénito de Alberto Querín, fundador y presidente de KERIN.

Fue él quien dio su visto bueno a la propuesta que hacía ya un par de años presenté a Victoria, la directora de Marketing y Ventas —y su hermana— cuando colaboré por primera vez con la empresa. Por aquel entonces, mi participación en sus reuniones, en su formación y en las inevitables actividades al aire libre se habían convertido ya en una costumbre. Y para mí, por qué no decirlo, formador y consultor independiente, en ingresos recurrentes.

—¡Hola, Carlos! ¿Cómo ha ido? —dijo mientras me tendía la mano para estrechármela.

—Fantástico. Han trabajado toda la mañana juntos y muy duro en la actividad, y la han completado en algo menos del tiempo previsto. Además han disfrutado. Y viendo las ventas del año se lo merecían.

—Cierto, respondió Javier. Nadie hubiera dicho hace dos años que estaríamos en este punto, haciendo actividades al aire libre para que el equipo comercial disfrutara como recompensa a un buen año.

Javier se refería a mi primer contacto como formador y consultor con KERIN. En aquel momento las ventas se hundían. En gran parte por la competencia de producto manufacturado en Asia. Pero aun así, la descripción de la situación que oí entonces de Javier y Victoria fue la de unos «vendedores incapaces» de colocar ni un solo pedido en el mercado en los últimos meses.

Acepté trabajar con el equipo de ventas, pero puse algunas condiciones innegociables: seis meses de tiempo, que en ese periodo no se despidiera a nadie, y que pudiera trabajar sin injerencias.

Mi propuesta fue trabajar con Victoria y todo su equipo, al que dimos toda la información posible acerca de la situación actual, y a partir de ahí elaboramos todos juntos un plan de actuación. En ese nuevo marco, trabajamos la planificación comercial, los capacitamos en algunas técnicas de comunicación, como la escucha activa, y redefinimos los objetivos, primas y comisiones.

Fueron semanas duras, de resistencia al cambio. Y también fueron semanas en las que el mercado parecía no moverse y las ventas no avanzar. Hubo una baja voluntaria pero ningún despido. Finalmente, la situación parecía comenzar a remontar. Así que Victoria decidió que debíamos celebrarlo y me pidió una actividad «de esas en la montaña». Decidimos realizarla un viernes de junio, justo al final de los seis meses de trabajo.

—Sí, Javier. Era una situación crítica. En aquellos momentos podíamos haber hecho lo más fácil: no confiar en ellos, no confiar en que fueran capaces de remontar la situación, renovar el equipo. Podíamos haberlo hecho, pero tuvisteis el coraje de confiar en ellos. Tuvisteis el coraje de decírselo y de mostrárselo apoyándoles con más recursos y con formación.

—Bueno Carlos, también les apretamos un poquito las tuercas cambiando los objetivos y las primas, ¿no te parece?

—Me parece, aunque sólo a medias. Si recuerdas, no fuimos nosotros los que las cambiamos, fueron ellos los que las cambiaron. Con Victoria en el equipo, es cierto, pero participando lo más parecido posible a ser una más del equipo.

—Les explicamos la situación. Tu padre, tú y Victoria les dijisteis que confiabais en que fueran capaces de remontar la situación y nos pusimos a su lado para ayudarles en todo lo posible. Les dijimos que confiábamos en ellos y se lo demostramos con hechos, sin excepciones ni fisuras. Y ellos respondieron.

—Sí, Carlos. Nos salió bien, esa vez —y añadió sonriendo—. No sé cómo nos dejamos convencer, pero salió bien.

—Créeme, Javier. Confiar en la gente siempre sale bien.

Me miró con una sonrisa que interpreté de escepticismo. Desvió un momento su mirada dirigiéndola a la zona donde el equipo comercial, Victoria incluida, estaba disfrutando del aperitivo y se despidió de mí con un apretón de manos y un «nos vemos» cordial, para dirigirse después a saludar al equipo comercial.

Ignoraba que aquel «nos vemos» no tardaría en producirse, y entonces descubriría que aquella sonrisa no era de escepticismo.

¿Por qué no?

¿Por qué no confiar en que su personal es capaz? Confíe en ellos y tendrá gente digna de confianza. Si no confía, tendrá gente en la que no valdrá la pena confiar.

2

Unas semanas más tarde

El corazón tiene razones que la razón desconoce.

PASCAL

Pocos días después de la actividad *outdoor* recibí una llamada de KERIN proponiéndome una reunión. La marcamos para el siguiente lunes por la mañana, la primera fecha libre de que disponía. Así que el lunes volví a encontrarme en la recepción de la empresa, en lo que interpretaba como la antesala de una petición más de formación con el equipo de ventas.

—Ya puede pasar. Segundo despacho a la izquierda.

No era el despacho de Victoria. Esta vez era el de Javier. La puerta estaba abierta. Javier me recibió indicándome con un gesto que pasara y, sin dejar de hablar por el teléfono fijo, señaló una de las sillas de diseño de la mesa de reuniones para que me sentara.

Después, tras dirigir a su interlocutor un «disculpa un segundo» tapó por un momento con la mano izquierda el teléfono y me dijo: «Tienes café y agua, sírvete tú mismo».

Así que tomé una botella de agua y esperé pacientemente a que acabara la conversación, lo que sucedió al cabo de unos cinco minutos.

—Carlos, hay un tema del que me gustaría conocer tu punto de vista. Como sabes, aparte de esta fábrica tenemos otras dos: una en Hungría y otra en Túnez. Todas ellas para servir al mercado de la zona euro, que es donde concentramos la práctica totalidad de nuestras ventas. Hace ya algunos años que la fábrica va a la baja. Poco a poco, pero a la baja.

Había observado que tanto Javier como su padre y Victoria se referían a la fábrica española, la primera, la más antigua, como «la fábrica» reservando para la húngara y la tunecina el apelativo de «las otras».

—Quiero cambiar esa tendencia —continuó—, remontar la situación que vive la fábrica, mejorar sus resultados. Hemos tenido algunas ofertas para vender la empresa en su conjunto y también ofertas para vender los terrenos de la fábrica, pero ni mi padre ni mi hermana ni yo queremos. Queremos seguir produciendo y vendiendo vajillas de porcelana, que es lo que sabemos hacer.

Sabía, por los comentarios de algunos comerciales, de los rumores de venta de la fábrica y de la idea de pasar su producción a las otras dos. Pero siempre había pensado que eran sólo eso, rumores. Hasta ahora. Hubiera querido preguntarle las razones que les habían llevado en su momento a considerar vendible la fábrica española, pero decidí centrarme en su visión de futuro.

—¿Y cuáles son vuestros planes para la fábrica?

—Debemos decidir pronto si asumimos una renovación tecnológica a fondo en la fábrica. Las otras pueden asumir más producción. Son nuevas, tecnológicamente están al día, y los costes laborales son sensiblemente menores. Respecto a esta fábrica podemos asumir el coste y renovarla o podemos seguir produciendo como hasta ahora. La inversión sería grande.

No acababa de ver qué relación tenía yo con una decisión de gran calado estratégico como ésa. Pero lo que sí veía con claridad es que la decisión fácil era vender los terrenos y, con la liquidez que proporcionaría la operación, seguir creciendo en las otras fábricas. Y esa fácil decisión podían haberla tomado, pero no lo habían hecho. Aunque pudieran tener dudas sobre el papel que podían reservar a esta fábrica, ya habían decidido que apostaban por ella. Así que debía averiguar qué dudas albergaban sobre su fábrica y por qué me habían llamado.

—Te estarás preguntando qué relación tiene esto contigo, ¿verdad? Como te decía, tarde o temprano deberemos tomar una decisión sobre si invertimos a fondo aquí y hacemos crecer la fábrica o desestimamos la inversión. Lo cierto es que deberíamos invertir una gran cantidad para hacerla competitiva. Por el contrario, si no invertimos, quizás en cuatro o cinco años comenzará a quedar progresiva e irremediablemente obsoleta.

»Y mi duda, Carlos, es la gente. El clima se ha enrarecido en los últimos años. Las cosas no acaban de funcionar como debieran, como habían funcionado hasta hace un tiempo. Y es así tanto en los jóvenes como en los más mayores, con algunas excepciones, claro. Aunque cada vez las excepciones son menos, todo hay que decirlo. Esto hace que los resultados, aunque no sean del todo malos, no son los que deberían ser, los que esta fábrica puede y debe tener.

—Y quieres que yo hable con tu gente y te diga si merece la pena invertir o no. ¿Estoy en lo cierto?

—No. No quiero diagnósticos. Un diagnóstico no me dirá nada que ya no sepa. Lo que quiero saber es si aquello que me dijiste hace unos días sobre la gente, la confianza, el apostar por el capital humano... son sólo palabras o realmente puedes hacerlo. Quiero saber si puedes convertir a un grupo de trabajadores apáticos y desmotivados en gente con ganas de sacar adelante esta fábrica. En definitiva, quiero saber si eres capaz de hacer con la gente de fábrica lo que hiciste con el equipo de ventas. Carlos, ¿podrías hacerlo?

Por un segundo estuve a punto de decirle que sí, sin pensármelo. Pero debía saber antes cuál era su sentir real respecto a la gente. Si creía o no que fueran capaces de remontar la situación actual.

—La pregunta no es esa, Javier. La pregunta es: ¿tú confías en tu fábrica?

—Yo quiero a esta fábrica. Es de mi familia. La creó mi padre. Yo he crecido en ella. Mi padre venía aquí todos los días, fines de semana incluidos, y mi hermana y yo jugábamos en los despachos y por los pasillos de esta fábrica. Es como si me preguntaras si quiero a mi familia.

—Cuando digo confiar en la fábrica no me refiero a eso. ¿Confías en las personas? Piensa bien la respuesta, piensa si crees en ellos como profesionales, como personas, si crees que son ellos quienes van a convertir la fábrica que tienes hoy en la que puede y debe ser.

—No estoy seguro del todo, pero creo que sí lo creo.

—Entonces, si tú aún crees en ellos, yo creo que sí podré ayudarte.

—Perfecto. Me marcho esta tarde de viaje pero deberíamos vernos a mi vuelta. ¿Puedes el lunes próximo a las 9?

Tras citarnos al regreso de su viaje para una segunda reunión, nos dimos un apretón de manos y salí. Mientras cruzaba la recepción y me dirigía al aparcamiento me daba cuenta por segundos de que a la euforia que sentía empezaban a aparecerle unas nubes negras, nubes de pánico.

Mire con la razón y escuche con su corazón

Mire la realidad de las cifras, pero escuche a sus sentimientos, emociones, sensaciones. Si no mira y escucha, si sólo se limita a tener en cuenta la mitad de la realidad, su comprensión de ésta será incompleta y, por tanto, incorrecta. Y si su comprensión es incorrecta, también lo serán las decisiones que tome.

Hacer lo correcto no siempre es el camino más rápido ni más fácil, ni el que nos da resultados a corto plazo, pero es, en cambio, el único que nos garantiza los resultados correctos. Haga lo correcto.

3

Viaje nocturno a Islandia. El Norte y la brújula

Dadme un punto de apoyo y levantaré el mundo.

ARQUÍMEDES

Agradecí disponer de aquellos días de tiempo hasta la próxima reunión, no sólo porque necesitara unos días para aclarar mis ideas y elaborar una propuesta de trabajo. No se lo dije a Javier en aquel momento, pero yo también me marchaba de viaje. Hacía tiempo que me había reservado aquellos días para realizar algo que desde niño siempre había querido hacer. Escalar la cima del monte Snaeffels, el lugar de Islandia donde Jules Verne sitúa el inicio de *Viaje al centro de la Tierra*. Un vuelo nocturno de 4 horas, con salida de Barcelona a medianoche y cuatro días para realizar ese sueño infantil.

Las nubes negras de pánico, las dudas, habían desaparecido. La euforia me invadía y no sólo era por el Snaeffels. Tenía también la sensación de tener ante mí un proyecto diferente. No se trataba esta vez de explicar conceptos, técnicas o habilidades. Ni tampoco se trataba de premiar a unos vendedores o a unos directivos con una jornada diferente haciendo formación al aire libre. No era nada de eso. Tenía ante mí la oportunidad de probar aquello en lo que siempre había creído: que invertir en personas es rentable, la inversión más rentable, quizá ya la única a la que podemos y debemos aspirar en nuestra vieja y amada Europa occidental.

Pero, honestamente, ahora que tenía la oportunidad, no sabía por dónde empezar. A pesar de los dos años de trabajo con el equipo comercial (o quizá debido a eso) no había tenido ocasión de conocer a nadie de fábrica, excepción hecha de Javier. Tenía claro que debía lograr el compromiso de la gente y que si quería conseguirlo no sólo debía conocerla sino conocer el proceso y el papel de todos y cada uno de ellos en el mismo. Además debía aprovechar el conocimiento y experiencia de la gente, y crear equipo para cambiar el clima y darle la vuelta a la situación y mejorar los resultados.

El diagnóstico era claro pero el tratamiento no aparecía. Por más que empezaba un borrador tras otro, trazaba mapas mentales e intentaba plasmar eso en posibles líneas de actuación, no aparecía ningún tratamiento mágico. La situación era compleja, por ello debía encontrar algo que me permitiera orientarme en medio de esa complejidad pero que al mismo tiempo fuese sencillo de explicar para poder sumar complicidades. Algo que nos permitiera saber si estábamos avanzando por el buen camino, haciendo lo correcto y algo que nos ayudara a hacerlo. Algo a modo de brújula o de luz en la oscuridad.

Y entonces me di cuenta de que sólo necesitaba tres cosas, sólo tres puntos de apoyo. Entonces todo me pareció más claro. Todo encajaba. O, como mínimo, eso parecía.

Con esos tres puntos de apoyo a modo de palanca, algunas ideas a modo de brújula, un punto de llegada a modo de Norte y algunos valores y competencias para llenar la mochila, creía que podía empezar el viaje.

Eran las dos de la madrugada, hora local, las cuatro para mi eufórico y fatigado cuerpo, y estábamos a punto de aterrizar. Era el momento de buscar el pasaporte para pasar el control, el carné de conducir para el coche de alquiler y los euros para cambiar en coronas. Y ahora, a punto de aterrizar en Keflavik, con las ideas algo más claras y con el sol de medianoche iluminando el paisaje volcánico que rodea el aeropuerto, comenzaba mi particular viaje al centro de la Tierra.

¿Qué puntos de apoyo necesitamos para «levantar el mundo»?

¿Qué palancas necesita para generar el cambio que quiere provocar?

Necesita saber a dónde va, qué quiere obtener, qué cambio quiere conseguir. Además, necesita voluntad para provocarlo y un instrumento para medirlo; un instrumento que le indique si está en el buen camino.

En definitiva, tan sólo necesita tres cosas: un Norte o destino, herramientas a modo de brújula y el coraje para emprender el viaje y afrontar los peligros.

4

Pingvellir

*Nada hay más poderoso que una idea a la que le ha
llegado su momento.*

VICTOR HUGO

Por fin participé en la excursión al Snaeffels. En la actualidad ya no es posible completar la ascensión hasta la cima
después del desafortunado accidente mortal que sufrieron
unos turistas hace algunos años, pero aun así disfruté de la
experiencia, de la caminata por la nieve, de acercarme hasta vislumbrar la cima, de las vistas e incluso del tramo en
moto de nieve. Y, por descontado, disfruté de haber podido
cumplir un sueño pendiente. Al día siguiente, mi avión de
vuelta a casa salía a media tarde y había decidido dedicar la
mañana a participar en una excursión organizada a uno de
los principales atractivos turísticos del país.

—Un lugar, Pingvellir, que aúna en pocos pasos dos au-
ténticas joyas de la geografía y de la historia con mayúsculas, es decir, de la geografía de nuestro planeta y de la historia de la civilización occidental, respectivamente. Ya que
allí puede contemplarse la fisura que deja la separación de
las placas continentales americana y euroasiática. Es el lu-

gar donde mejor se aprecia cómo se separan, lenta pero inexorablemente, dos continentes. Pero además, allí se encuentra el primer Parlamento del mundo en el que hace más de mil años se reunieron por primera vez los hombres libres, el llamado *Althing* —explicaba el guía del grupo de turistas franceses al que me había unido para la excursión. Hay algunos lugares en el mundo donde el espectáculo que ofrece la naturaleza corta la respiración. Tal es su belleza y grandiosidad. Y eso es lo que yo esperaba ver en Pingvellir. Por fuerza, la coincidencia en un mismo espacio físico de dos hechos extraordinarios como el Parlamento y la falla debían ser causa y efecto de la belleza y grandiosidad del lugar. Pero no era así. No había nada allí que reflejase a primera vista su grandiosidad ni en uno ni en otro caso. Ambos pasaban desapercibidos.

—La separación de las placas es de poco más de una veintena de metros en el punto más evidente y queda cubierta completamente por la vegetación. Puede pasearse en ella, por encima de ella, a través de ella... En el caso del Parlamento es un lugar cómodo para sentarse, estar, ver y ser visto. Para hablar y ser escuchado. Un Parlamento en la propia piedra y al aire libre, pero cómodo. Pingvellir es un lugar seguro y de fácil de acceso desde casi cualquier punto de la isla y así ha sido siempre. En una época en que el peligro llegaba por el mar en forma de piratas, Pingvellir estaba lo suficientemente alejado de la costa, pero no excesivamente. Y es un lugar en el que su excelente acústica facilita que se escuche la voz...

El guía seguía hablando pero yo ya no escuchaba. Imposible de desconectar del todo del proyecto con KERIN, algunas ideas comenzaban a entremezclarse en mi mente: «lugar de reunión», «libres», «donde su voz suene clara», «hablar y ser escuchado», «cómodo», «refugio»... Un lugar donde una vez al año y por espacio de dos semanas los representantes de los hombres libres se reunían para debatir sus problemas y discutían hasta llegar a acuerdos y soluciones que se aplicaban con carácter inmediato y de ley... La palabra de los hombres libres hecha ley... Un espacio de hombres libres mientras la tierra sigue rugiendo y moviéndose bajo sus pies. Nunca dejará de sorprenderme cómo nuestra mente establece asociaciones.

Una idea poderosa, un lugar donde hablar y escuchar, donde compartir conocimientos y ser oído

Sólo nos comprometemos con aquello que nos pertenece. Y nadie siente como suyo un trabajo, un equipo o una empresa donde no puede hablar ni ser escuchado. Si quiere comprometer a su gente deberá crear un espacio, físico o no, donde poder hablar y en el que su voz sea escuchada.

5

Lunes. Llegada a la fábrica

Dios no está del lado de los héroes ni de los grandes ejércitos, sino de los disparos precisos.

VOLTAIRE

Estábamos ya en pleno mes de julio, con muchas familias de vacaciones, así que el tráfico de salida de la ciudad era fluido a pesar de la hora y llegué quince minutos antes de lo acordado. Cuando la recepcionista me vio atravesar la puerta de la empresa, me hizo pasar al despacho de Javier, quien ya me estaba esperando.

—Bueno, Carlos, ¿qué me propones? —comenzó enseguida Javier.

—He estado dándole vueltas a la situación con la información que me diste y tengo ciertas ideas, pero antes me gustaría hablar con algunas personas.

—¿En quién estás pensando?

—En el jefe de Recursos Humanos y, ya que según parece el problema se limita a fábrica, en el jefe de Producción.

—Bien, Miguel y David. ¿Alguien más?

—También me gustaría hablar con algunos operarios y con un par de encargados.

—¿Encargados?... Luis y José. Y ellos ya te dirán con qué operarios hablar.

—¿Y qué tal son Luis y José? —pregunté.

—Luis lleva aquí desde el día que abrimos. Entró de aprendiz, siendo casi un niño. Ha sido clave en momentos muy críticos de la historia de esta fábrica y dudo que nadie sepa más de nuestro proceso productivo. Y gran parte de lo que sabemos los demás se lo debemos a él. Incluido yo, que empecé en esta fábrica de aprendiz suyo.

Conocía poco al padre de Javier, pero las anécdotas que circulaban por la empresa y que había oído en mis jornadas con los comerciales hacían que no me sorprendiera que quisiera que su hijo, destinado a ser su relevo, empezara en la empresa como aprendiz de producción, a pie de máquina, trabajando duro.

—Siempre ha tenido el tiempo y las ganas de compartir su conocimiento con cualquier otro encargado y de enseñar a todos los operarios. También es cierto que siempre ha sido un poco autoritario, pero ha conseguido que en todo este tiempo nadie hable mal de él. Ni delante suyo ni, mucho menos, a sus espaldas. Aunque de un tiempo a esta parte ya no es el mismo. Parece más apático. Incluso me han llegado voces de que quería hablar con mi padre para marcharse.

—¿Y José?

—José es bastante más joven que Luis y tiene más formación técnica. Es más conciliador, pero a veces se ve desbordado por la situación y estalla. Y creo que esa dualidad, esos cambios de humor, hace que la gente no acabe de saber a qué atenerse con él. José lleva aquí unos años, pero ya entró como encargado. Había sido encargado de una empresa familiar del sector textil que cerró. Era una época de crecimiento para nosotros e incorporamos a bastantes operarios, técnicos y encargados de aquella empresa... Entonces, ¿a quién, de todos ellos, quieres que te presente primero?

—Después de oírte, creo me gustaría hablar primero con Luis.

El disparo preciso

Busque a personas en las que apoyarse para conocer la realidad en toda su complejidad.

No podrá llevar a cabo un proceso de cambio, ni tan sólo iniciarlo, si no dispone de aliados. Debe hallar personas que compartan su punto de vista y que sean puntales de la organización.

Para hallarlas deberá escuchar todas las voces, todos los puntos de vista. Si escucha hallará aliados. Si no escucha sólo cosechará escépticos y opositores.

6

Luis

«Sólo vemos bien con el corazón.
Lo esencial es invisible a los ojos.»

El Principito,
ANTOINE DE SAINT-EXUPÉRY

Pedí a Javier que me enseñara la fábrica. Quería conocer el proceso productivo antes de empezar a trabajar con ellos. Javier no podía acompañarme personalmente en la visita a la fábrica. Él y Victoria debían atender a unos posibles distribuidores para el mercado escandinavo. Así que me acompañó a la planta para presentarme a Luis y que éste me la mostrara.

Llevaba bastante tiempo trabajando para el equipo comercial, pero sólo en muy contadas ocasiones había salido de la planta de oficinas, donde estaban los despachos de Victoria y Javier, las salas de los comerciales y de reuniones. En todo este tiempo tan sólo había atravesado la fábrica alguna vez por ser el camino más corto para ir de las oficinas al comedor de la empresa, exactamente en el extremo opuesto. Y, sinceramente, lo único que sabía, o creía saber, era que el proceso de producción era todavía muy artesanal. Algunas de las piezas que no salían bien a la primera podían ser recuperadas a base de retoques. Y poco más sabía, por no decir nada más.

Después de cruzar media nave llegamos a un rincón donde tres personas discutían acaloradamente rodeados por algunas piezas visiblemente defectuosas. Dos de ellos bastante más jóvenes que el tercero, la persona que Javier me presentaría como Luis, el encargado.

—Buenos días, Luis. Le presento a Carlos. Quizá ya lo habrá visto alguna vez por aquí. Hace tiempo que hace formación para el equipo de Victoria.

Era la primera vez que oía a Javier llamar a alguien de usted. Siempre lo había oído dirigirse de tú tanto al equipo de Ventas como al resto del personal de oficinas. Quizás ésta era una manera de marcar distancias con la gente de fábrica. O sencillamente una muestra de respeto, una herencia de sus años como maestro y aprendiz. Creía empezar a conocer a Javier y estaba seguro de que era lo segundo. Pero fuera cual fuese el motivo decidí que yo también me dirigiría a Luis de usted.

—Sí, Javier, ya le he visto por las oficinas antes. Y también he oído alguna de esas cosas raras que les hace hacer a los comerciales.

—Bueno, Carlos; como ves tu fama te precede. Luis sabe todo lo que se puede saber de esta fábrica. Lleva en ella 40 años; desde el día en que abrimos. Nadie mejor que él para explicarte todo lo que necesites saber sobre la fábrica. Así que te dejo en buenas manos. Me esperan.

Y me dejó con Luis, no sin antes recordarme que debía pasar por el despacho de David, el jefe de Producción.

—¿Qué es lo que quiere saber?

Su estilo claro, de pocas palabras y directo no me sorprendió. Era lo que me esperaba de alguien que había pasado toda una vida en la fábrica. Alguien con un enfoque práctico de las cosas. Claro, directo y práctico. Y con un gran conocimiento de la fábrica y sus personas. Todo eso era exactamente lo que necesitaba.

—No sé, Luis. Me gustaría que me mostrara la fábrica.

Así que empezamos a recorrer los diferentes pasillos y secciones de la fábrica. Me explicó todos y cada uno de los pasos por los que pasa el producto, desde las materias primas que componen la pasta utilizada para crear el producto, sus diferentes transformaciones, hasta llegar al empaquetado.

A medida que recorríamos la fábrica me iba presentando a algunos de los trabajadores, lo que aprovechaba para hacerles preguntas que mejoraran mi comprensión del proceso y de su propio trabajo. Luis parecía saber cómo acceder a la gente. La conocía y sabía los pequeños trucos que utilizaban cada uno de ellos para prevenir los principales defectos que se producían en las piezas, así como para dar el acabado correcto a las mismas. Y, más allá de la mezcla de timidez y orgullo que pudieran sentir aquellos operarios por ver sus trucos revelados ante un extraño que les oía admirado, quedaba la presencia de Luis, la institución de la empresa valorando su conocimiento.

Por lo que hace referencia a su empeño en que en dos horas aprendiera absolutamente todo lo que se pudiera aprender sobre el proceso de fabricación de la porcelana, debo reconocer humildemente que su éxito fue sólo parcial. A partir de la primera hora mi capacidad de procesar información técnica disminuyó considerablemente. Así que decidí tomar la iniciativa y, progresivamente, centrarme en la información que pudiera ofrecerme sobre las personas.

—Javier me dijo que fue aprendiz suyo. ¿Qué tal experiencia fue tener de aprendiz al hijo del dueño?

—Javier era despierto, aprendía rápido. Y le gustaba discutir, en eso es igual que su padre. A veces me venía con ideas de la universidad y, al final tenía que decirle: «Pruébalo y ya me explicarás». Algunas veces, pocas, funcionaban. El resto no y yo le decía: «Pero tú, ¿de quién te vas a fiar, de mí o de tus libros?» Lo poco o mucho que sabe se lo he enseñado yo, aunque Javier lo explique con el lenguaje de sus libros.

—Viendo cómo le habla, creo que él valora mucho su conocimiento y el tiempo que pasó aprendiendo con usted —dije buscando conectar con él para que hablara de la situación actual.

—Sí, puede ser. Pero no deja de ser el jefe y el hijo del dueño. En fin, no me quejo de los aprendices que he tenido ni del resto de gente que han estado a mi cargo. En general han sido buena gente.

Y decidí que ese era el momento de preguntarle más directamente por el clima actual de la fábrica.

—¿Y cómo ve a la gente de ahora?

—Ya nada es lo mismo. Esto se ha vuelto demasiado grande, demasiado tecnificado. Se ha perdido el contacto entre personas, todo va más rápido y no hay tiempo para pensar. Todo ha de ser ya, ahora. Y este producto pide artesanía, calma, aprendizaje. Y ahora siempre están todos con prisas, los comerciales y el nuevo jefe de Producción.

—¿Nuevo?

—Sí, lleva poco, unos cuatro años. Antes Javier era el jefe de Producción y a sus ayudantes los enviaron a dirigir las nuevas fábricas. A David lo habían fichado poco antes para que hiciera primero su rodaje y que los sustituyera.

Intenté entonces hacerme una idea aproximada de la situación. No llegué a conocer a los «ayudantes» de Javier y con David tan sólo había cruzado un par de saludos de cortesía. Pero imaginaba que no debía haber sido fácil sustituir a alguien como Javier —dotado de la aureola de ser el heredero y de ser alguien que había comenzado en fábrica desde abajo— y asumir las tareas y responsabilidades de dos personas más.

—¿Y qué tal su relación con él? —pregunté.

—Buena, pero era mejor al principio. Venía de otro sector y se apoyaba mucho en mi experiencia. Pero con el tiempo ha ido marcando distancias. Conmigo y con todos.

—¿El mal clima empieza con David?

—No, el mal ambiente ya venía de antes de entrar él, pero no era tan grave. Tampoco el empeoramiento es culpa suya, creo. Sencillamente estas cosas pasan. Todo se ha vuelto más impersonal. Esto ya no ha vuelto a ser igual. Antes, don Alberto conocía los nombres de todos y cada uno de nosotros y bajaba y se interesaba por resolver los problemas que teníamos, los de la fábrica e incluso a veces los personales.

Seguía hablando, pero ya no me miraba y su voz sonaba extraña. Su mirada y su voz comenzaban a reflejar la emoción. Algo que no había aparecido más que levemente en algún momento al hablar de sus aprendices y equipo, aparecía ahora con toda su intensidad. Se estaba emocionando al describir la relación que todos, don Alberto incluido, crearon en aquellos días. Algo más allá del trabajo, un vínculo con la empresa.

Sentí que mi presencia empezaba a resultarle incómoda, así que le hice una última pregunta con la que ayudarle a acabar su explicación, y me despedí cortésmente alegando tener una reunión pendiente con David, lo cual era cierto, aunque sólo a medias.

Emociones y cifras. Ver con el corazón o ver con la razón, he aquí la cuestión

Las percepciones de las personas son tan reales como los datos objetivos. Debe conocerlas antes de iniciar el camino. Escuche las historias acerca del pasado y de los conflictos actuales. Detrás de ellas se hallan creencias y mitos fuertemente arraigados. Sólo si los conoce podrá gestionarlos.

7

David

Si juzgas a la gente no tendrás tiempo de amarla.

MADRE TERESA DE CALCUTA

La puerta del despacho de David estaba abierta. Él se encontraba tras su mesa mirando en la pantalla del ordenador los resultados de producción, y por la expresión de su cara no debían ser muy buenos.

—Buenos días, David, soy Carlos.

—Buenos días. Javier ya me comentó que pasarías. ¿Qué te trae por aquí?

—Me gustaría que habláramos, que me explicaras tu versión de la fábrica y cómo ves a tu gente.

—¿La fábrica? Problemas y más problemas. ¿Por dónde quieres que empiece? Ahora que las ventas van bien somos incapaces de servir las piezas que los vendedores nos piden. De cada 10 piezas que hacemos tenemos que tirar una o dos según el modelo. La pieza que sale entera tiene problemas de tono. Y cuantas más nos piden de un modelo, más piezas defectuosas tengo. Debería tener los camiones cargados cruzando Europa y, en cambio, lo único que tengo lleno son los pasillos; llenos de piezas defectuosas esperando que los encargados analicen los defectos y hagan algo. Y respecto a la gente, ¿qué quieres que te diga? Cuando hablas con ellos, de uno en uno, parecen bastante razonables. Me escuchan y hasta diría que parecen entenderme. Pero sólo lo parece. A veces creo que la sensación de que me entienden es una ilusión producto de mi mente. Una alucinación. Cuando me doy la vuelta todo cambia y vuelven los problemas.

El comentario y, sobre todo el tono con el que lo había dicho, me había parecido una crítica de una extrema dureza hacia la capacidad y actitud de su gente. Pero no quería empezar a trabajar con David con esa primera impresión como referencia, así que le pedí que me describiera esa situación.

—Después de hablar con cualquiera de ellos, hacen lo que les dices, lo que tienen que hacer, pero dura poco. Luego volvemos a estar igual.

—Por lo que dices, parece que la situación es preocupante y tu gente un tanto difícil, por utilizar expresiones políticamente correctas.

—Sí, pero no siempre ha sido así. Al principio, los números no eran los idóneos, pero la gente respondía.

—¿A qué te refieres?

—Quiero decir que antes, cuando teníamos problemas en la fábrica, la gente se movilizaba desde el primero hasta el último. Todos y cada uno de ellos. Juntos y por separado. Y salíamos delante. Pero ahora ya no. Y, francamente, comienzo a estar cansado de esta situación. No sé si era esto lo que querías oír, pero así es como están las cosas.

—Una visión un tanto desesperanzadora de la fábrica. Ciertamente, no anima al optimismo —dije.

—Es cierto, no anima. Pero no has hablado con Miguel todavía, ¿verdad?

—No. Lo tengo en mis «tareas pendientes» —dije intentando acabar la breve reunión con un comentario simpático.

—Seguro que él te dará una versión muy diferente a la mía. Y no lo busques en su despacho. Tiene la suela de los zapatos de seguridad gastada de tanto ir arriba y abajo por fábrica. Es más probable que lo encuentres por allí hablando con alguien.

No juzgue, escuche para comprender los motivos

No prejuzgue a las personas sin haber oído todas las versiones de la historia. No existen comportamientos ilógicos, sólo motivos que desconocemos.

Concéntrese en las personas y en los resultados al mismo tiempo. Si se centra únicamente en los resultados, su visión será desajustada y sólo hallará culpas y culpables en vez de soluciones.

8

Miguel

Somos lo que pensamos.

BUDA

Y allí estaba Miguel, en la máquina de café, manteniendo una animada discusión con varias personas. Yo no estaba lo suficientemente cerca para poder entender la conversación, pero por lo próximos que se hallaban los unos de los otros, mientras sorbían sus respectivos cafés, parecía que la discusión no era de un tema de rabiosa gravedad empresarial. Así que me acerqué y, antes de acabar de extender la mano para presentarme y estrechársela a todos ellos, Miguel me preguntó:

—¿Y tú a quién ficharías?

La pregunta me pilló por sorpresa.

—Disculpa. Fichar, ¿para qué?

—Estamos en julio, en pretemporada. La liga de fútbol empieza de aquí a unas semanas. ¿A quién ficharías?

Y por espacio de unos diez minutos antes de que todos volvieran a su puesto y de que nosotros pasáramos a su despacho, compartí con Miguel y aquellos técnicos de mantenimiento un café y varias reflexiones acerca de la conveniencia de potenciar las canteras y los valores jóvenes nacionales o, por el contrario, fichar estrellas consagradas internacionales para reforzar a diferentes clubes de la liga española de fútbol.

—Ponte cómodo, y explícame.

—Me gustaría que me explicaras cómo ves la fábrica y a su gente.

Durante aproximadamente media hora Miguel fue desgranando su versión de la situación. Los hechos que describía no diferían mucho de lo que ya me habían dicho Javier, Luis y David. Pero había una diferencia. Él era el único que parecía no haber arrojado la toalla del todo. El único que aún dedicaba parte de su tiempo a hablar con la gente, de temas relativos al día a día de la fábrica pero también de temas triviales. El único que todavía tenía conexión con la fábrica y con los encargados.

Recordé entonces las palabras de David y bajé mi mirada en dirección a los pies de Miguel. En efecto, calzaba unos zapatos de seguridad muy gastados, especialmente por la goma de los talones. Lo que me hizo entender los comentarios de David acerca de dónde encontrar a Miguel y sobre el estado de su calzado de seguridad. Realmente aquel calzado nos decía que no había hallado a Miguel por casualidad fuera de su despacho. No era un hombre de papeles, de oficina. Oyéndolo hablar con aquellos operarios y ahora conmigo, veía cómo transpiraba preocupación por la fábrica y las personas. En definitiva, Miguel parecía ser nuestra mejor palanca para acercarnos a ellos, entenderlos y ganarlos para cambiar la situación. Nuestro punto de apoyo.

Y decidí hacerle una pregunta cuya respuesta yo ya creía conocer.

—¿Tú crees que esta situación de desánimo es reversible?

—Creer no sé si es la palabra. Quiero que cambie, me gustaría que cambiara, y debe cambiar. Hay personas que aún pueden ser recuperables, probablemente la mayoría de ellos, y otras que no. Yo sé que esta situación puede cambiar. Pero, honestamente, no sé cómo hacerlo. Y si se te ocurre algo, por descabellado que sea, tendrás mi apoyo incondicional.

Apoyo incondicional. Esas eran sus palabras. Y su mirada y su tono no dejaban lugar a dudas. Tendría su apoyo incondicional.

Pensar y ser.
Lenguaje, pensamiento y conducta

Si cree que el cambio es posible, podrá ser posible. Si cree que el cambio es imposible, será imposible.

Nunca conseguirá conocer a la gente si no da el primer paso para conocerlos. Acérquese a ellos, hable su idioma, salga de su despacho e invierta tiempo «bajando a fábrica». En definitiva, interésese honestamente por ellos.

9

La llamada de Javier

La solución de un problema se encuentra siempre en un nivel superior a aquel en el que se presenta el problema.

ALBERT EINSTEIN

Javier me llamó aquella misma noche para conocer mis impresiones de las reuniones con Luis, David y Miguel. En su interrogatorio, largo y exhaustivo, trató de averiguar mi opinión acerca de mis tres interlocutores y en general de la plantilla, y conocer mi versión y el veredicto de la situación real de la fábrica. Quería las recetas de lo que debíamos hacer ya para el día siguiente. Tras decirle que todavía no las tenía y que el proceso iba a ser algo más largo de lo que él desearía, le pedí que convocara una reunión para el siguiente jueves con David y Miguel, en la que entonces les expondría a los tres un posible plan de acción. Necesitaba esos dos días antes de la reunión para hablar con José y con algún otro operario. Y así, después de casi una hora al teléfono, nos despedimos hasta la próxima reunión.

No siempre la solución a un problema técnico se halla en el nivel técnico. A menudo las personas forman parte de una definición más amplia y no reduccionista del problema, y sus actitudes y comportamientos son una pieza clave de la solución.

No existen atajos ni recetas mágicas universales para generar cambios. Ninguna palabra mágica cambiará años de comportamientos y relaciones. Ejercite la paciencia.

SEGUNDA PARTE

Nosotros

10

Jueves. Primera sesión de trabajo

Toda gran marcha empieza con un primer paso.

PROVERBIO CHINO

Era poco antes de las nueve cuando llegaba a la recepción de KERIN y la recepcionista me indicaba la última sala a la derecha. La conocía bien, era la sala de reuniones. Allí había hecho algunas sesiones de formación, y allí habían tenido lugar las presentaciones a Victoria de las actividades al aire libre. También allí, y eso era lo que más me unía emocionalmente a aquella habitación, habían tenido lugar gran parte de las sesiones de trabajo con el equipo de ventas hacía dos años.

Entré en la sala y dejé mis cosas. Miré a mi alrededor y pensé que si hubiera podido elegir un espacio para iniciar este otro proceso, hubiera elegido éste sin dudarlo ni un solo segundo. A las nueve en punto entraron Javier, David y Miguel con sus respectivos cafés de máquina. Miguel llevaba dos en la mano.

—Era solo y sin azúcar, ¿verdad? —dijo mientras me ofrecía uno de ellos.

—Buena memoria, Miguel. Sí, solo y sin azúcar, gracias.

Tomaron sitio y Javier rompió el hielo reconociendo que, aunque era él quien les había convocado, en realidad, sabía tan poco como ellos de lo que hoy íbamos a tratar. Así que me cedió la palabra.

—Como sabéis llevo un par de años trabajando como formador y consultor para KERIN, con el equipo de ventas. Y, aunque en estos dos años no había pisado apenas la fábrica, de unos días a esta parte me habéis visto mucho por ella. He estado hablando con algunos encargados y operarios y con vosotros tres. Y todos me habéis explicado vuestras opiniones y vivencias acerca de esta empresa y su gente. Y, sinceramente, oyéndoos parece que esta fábrica tenga más pasado que futuro.

Hace unos días Javier me preguntó si sería capaz de generar un cambio en fábrica como el que vivimos con el equipo comercial y que ya conocéis. Y he querido tener con todos vosotros esta reunión porque creo tener claro cómo hacerlo.

Posé mi mirada durante unos segundos en todos ellos buscando su atención. Y proseguí.

—Os necesito a los tres para poder generar ese cambio. Sois vosotros los que conocéis a la gente y a la fábrica. Y la fábrica y vuestra gente os necesitan tanto como vosotros a ellos para producir el cambio que queremos, que necesitamos y que podemos generar. Como no podemos trabajar con todos a la vez, debemos trabajar con aquellos que tengan ascendencia e influencia sobre los demás, ya sea por su puesto, por su relación con la gente o por ser considerados un modelo a imitar. Tanto da. Y la forma en que vamos a hacerlo nosotros y ellos es mediante reuniones.

—¿Todos? —preguntó Javier.

—Todos los que podamos influir en que las cosas se hagan. Necesitamos a todos los que tengan el conocimiento y la experiencia para resolver problemas y la capacidad para influir en que se apliquen las soluciones. No podemos permitirnos el lujo de dejar a nadie al margen. Debemos provocar que hablen, que opinen, que propongan ideas que resuelvan las dificultades que tenemos y que mejoren el mal clima que las mantienen.

—¿Quieres decir que el mal clima es la causa de los malos resultados? —preguntó Miguel.

—No exactamente. Quiero decir que el mal clima dificulta que se resuelvan los problemas y ello, a su vez, provoca que empeore el clima. Es un círculo vicioso, y debemos invertirlo. Debemos generar las condiciones para poder hallar soluciones, para que se sientan mejor, para que mejore el clima y que ello facilite que se resuelvan las dificultades En definitiva, debemos invertir la dirección del círculo vicioso.

»Para eso deben volver a sentir la fábrica como suya. Y para conseguirlo debemos darles algo que sientan como propio. Ofrecerles un espacio donde sientan que ellos son los responsables de este área y una visión de la fábrica con ellos en el centro. Porque además es verdad, ellos son los que tienen el conocimiento y la experiencia. Debemos darles un camino para llegar y las herramientas para hacerlo. El camino lo empezamos hoy y la principal herramienta son estas reuniones.»

—¿Tú no te creerás todo eso que nos estás explicando, verdad? —preguntó David—. Me refiero a eso de que la fábrica la dirijan ellos.

—David, yo no he dicho eso, no he dicho que la dirijan.

Pero sí, creo en lo que acabo de deciros. No lo hubiera dicho si no lo creyera. Lo que he querido decir es que puedes apoyarte en ellos para llevar esta fábrica. Y lo que también he querido decir es que sin ellos, sin su compromiso, difícilmente podrás. Si puedes apoyarte en ellos para llevar la fábrica y sin ellos no puedes dirigirla, entonces deberás apoyarte en ellos. Pero para eso necesitas, necesitamos acercarnos a ellos y recuperarlos. Y el camino es darles voz, que opinen, escucharlos y que sientan que se les escucha. Y para poder hacerlo yo necesito que os comprometáis a tres cosas.

Antes de que pudiera añadir una sola palabra más, Javier añadió:

—Déjame que lo adivine: seis meses, no intromisiones y que no se despida a nadie.

Javier recordaba mis condiciones en el proceso vivido con el equipo de ventas. Y yo también recordaba su oposición inicial. Le miré, le sonreí y le respondí:

—Casi. Adivinaste la segunda y la tercera. Pero necesito más tiempo. Necesito dos años.

—No entiendo —dijo Javier sorprendido—. ¿Entonces nos pediste seis meses y ahora nos pides dos años? Con la experiencia acumulada entonces, te debería ser más fácil y deberías necesitar menos tiempo.

—La experiencia ayuda —respondí—, pero son dos situaciones completamente diferentes. Entonces se trataba de resolver un problema. Un problema extremadamente grave, es cierto, pero un problema al fin y al cabo. Ahora se trata de cambiar las actitudes y los hábitos de todo un conjunto de personas. Y las relaciones entre ellos. Relaciones que son fruto de años y años de vivencias. Por eso necesito dos años.

Jueves. *Primera sesión de trabajo*

David saltó.

—¡Dos años! ¿Estarás bromeando? No podemos estar dos años esperando a que la gente cambie. Si seguimos así habrá que tomar decisiones, cortar cabezas. A nadie le gusta hacerlo, a mí el primero. Pero a veces hay que cortar el miembro para salvar el cuerpo.

—David, no vamos a hacer cirugía de guerra, no vamos a amputar miembros —dije mientras esperaba un par de segundos para encontrar la palabra exacta y el tono correcto—. Fisioterapia. Eso es lo que vamos a hacer. No vamos a hacer cirugía de guerra, vamos a hacer fisioterapia.

»Vamos a ayudar a nuestra gente a recuperarse de sus traumatismos, a hacer los ejercicios correctos, a hacer lo que deben hacer para recuperarse y volver a dar el máximo. Porque estoy convencido de que, al igual que en la rehabilitación, después de una operación o un accidente, ellos tan sólo quieren volver a hacer una vida normal, una vida laboral plena como profesionales, como la que hacían antes. Y he dicho «vamos» porque lo vamos a hacer juntos. Los que estamos ahora aquí vamos a ser un equipo. Y vamos a ser un equipo nosotros y ellos, juntos. Si eso es lo que queréis para vuestra gente, puedo ayudaros.

»Ahora, si queréis cortar cabezas yo no puedo ayudaros. Cuando queráis cortar cabezas me lo decís y lo entenderé. Yo dejaré el equipo porque no creo en el miedo para hacer que la gente se movilice. Si eso es lo que decidís hacer, podéis hacerlo; pero deberéis hacerlo solos, sin mí.

»Si decidís hacerlo a vuestra manera pensad que cuando se intenta provocar cambios y se hacen coincidir con medidas traumáticas, la gente asocia el cambio como algo negativo. Y nadie oirá ninguno de los mensajes positivos que queráis explicarles. Y si nadie los oye, nadie os seguirá.

»Esta es una oportunidad de construir una empresa excelente. Y para ello este proyecto debe ser la metáfora de la excelencia, el espejo donde mirarse. Y no hay excelencia que pueda dejar a un lado a las personas. No hay excelencia sin personas excelentes, sin excelencia en el trato a las personas y entre las personas.

»Y, por último, yo no he dicho que no vayamos a ver resultados positivos hasta dentro de dos años. He dicho que necesito dos años para completar el trabajo. Si hacemos el trabajo a medias, volveremos a la situación actual perdiendo todos los avances que hayamos logrado. Ahora necesito que me respondáis de forma sincera: ¿Seguimos adelante o lo dejamos?»

Sus respuestas fueron: «Seguimos», «Sí, seguimos», «Adelante». Y de momento era suficiente. Ahora tenía que pedirles que hicieran algo. Y aunque podían hacerlo para aquel mismo día, les di 48 horas de plazo para realizarlo. 48 horas en las que no nos veríamos. Debía poner a prueba su paciencia, la de todos ellos, y su grado de confianza en mí. Paciencia y confianza iban a ser un capital necesario en este proyecto. Y ahora necesitaba saber cómo estábamos de ese capital y, especialmente de liquidez.

—Para la próxima reunión, pasado mañana, sábado, debéis traerme una lista con las personas que asistirán a las reuniones, que son todo el personal de fábrica con gente a su cargo. Traed también una propuesta de día y horas para esas reuniones, que serán de periodicidad mensual. Las fechas serán inamovibles y deberéis estar los tres en todas y cada una de las reuniones, así como todos ellos. Todos en un solo grupo, siempre y sin excepciones. Mirad vuestra agenda para los próximos doce meses, incluyendo la asistencia que tengáis prevista a ferias, y traedme una propuesta de calendario.

Los primeros pasos en un proceso de cambio son importantes

No se precipite, no quiera hacerlo todo enseguida. Cambiar a las personas requiere tiempo. Debe cambiar al grupo y las relaciones entre sus miembros. Apóyese en el propio grupo para producir ese cambio.

Clima, análisis y solución de problemas

Un buen clima de trabajo facilita la resolución de problemas. Un mal clima lo dificulta e, incluso, imposibilita. Si el clima mejora todo será más fácil.

También ocurre en sentido inverso. Si el grupo consigue resolver problemas, el clima mejorará. Si el grupo no avanza en la resolución de problemas, surgirán las acusaciones mutuas, las excusas y la desunión.

Como consecuencia, plantee problemas que el grupo pueda resolver.

11

Sábado. Segunda sesión de trabajo

«Se acercan tiempos difíciles, Harry.
Y deberás escoger entre hacer lo fácil
y hacer lo correcto.»
Albus Dumbledore a Harry Potter en
Harry Potter y el cáliz de fuego,
dirigida por MIKE NEWELL

Las 48 horas habían pasado, tiempo más que suficiente para haber realizado las tareas que les encomendé en nuestra primera reunión. Empezó Javier exponiendo las fechas. Las reuniones serían el primer miércoles no festivo de cada mes durante todos los meses del año, excepto agosto. Es decir once sesiones al año. David nos dio la relación de asistentes a las sesiones. Nada que objetar, estaban todos. Pero entonces añadió:

—Luis y los encargados del turno de tarde por la mañana, y José y el resto en la sesión de tarde.

No podía creer lo que oía. En la reunión anterior había explicado e insistido en lo del grupo único. Y creía que había quedado lo suficientemente claro para todos. Así que le pregunté:

—Creo que no te he entendido, David. ¿Podrías repetirlo?

—Será un placer, Carlos. Unos por la mañana y otros por la tarde —y tras un breve silencio añadió—: Como comprenderás, no podemos dejar la fábrica sin encargados.

—¿Qué crees, David, que puede pasar si la fábrica se queda unas horas sin encargados?

—Cualquier cosa y nada en especial. Pero como tú dices, Carlos, son ellos quienes controlan la fábrica. Por eso mismo, no pueden estar todos juntos en una reunión.

—Si pasara algo, David, estamos en la sala de reuniones. Los llamarían, saldrían y cuando el problema estuviera resuelto volverían a la reunión.

—No es una buena idea dejar la fábrica desasistida por una simple reunión —respondió David.

—Las reuniones que os propongo son reuniones cuyo fin básico es mejorar el compromiso del personal de la planta. El hecho de que vengan todos los encargados es porque pensamos que el clima y, en gran medida, los resultados dependen de su compromiso. Además creemos que todos ellos son imprescindibles y que mejorando su compromiso favoreceremos a su vez los resultados y el clima. ¿Porque lo creemos así, no?

A mi pregunta le siguieron unos segundos de tenso silencio que rompió Javier.

—Claro, Carlos. Por eso estamos aquí —dijo en un tono que intentaba ser conciliador.

—Bien, si la reunión es nuestro instrumento para mejorar los resultados y el clima, ¿alguien puede decirme una sola cosa más importante que podamos hacer en nuestro horario de trabajo que mejorar los resultados y el clima de la fábrica?

Se produjo otro breve silencio que yo mismo interrumpí añadiendo:

—Perfecto, si como parece estamos todos de acuerdo, entonces haremos un grupo único y en horario de trabajo. Y ahora que ya sabemos quién va a participar y cuándo, nos queda decidir qué vamos a hacer y cómo.

¿Tiempos difíciles? ¿Convulsos? ¿Complejos? ¡Soluciones simples! Haga lo correcto

A menudo lo fácil es hacer lo que siempre se ha hecho y de la forma que siempre se ha hecho pero, con frecuencia, esas soluciones son las que ayudan a perpetuar la situación que usted quiere cambiar.

Sea consecuente y haga lo correcto. ¿Por qué no participan juntos todos los implicados? Sólo trabajando juntos pueden hallar soluciones que todos sientan como propias. ¿Y quiénes son los implicados que deben participar en las reuniones?: todo el mundo con responsabilidad sobre personas. ¿Cuándo?: en horario de trabajo. Por tanto, marque fechas y horarios y respételos siempre, sin excusas; de esta manera estará dando a su gente el mensaje de que las reuniones, los temas que se tratan y los acuerdos que se toman en ellas son importantes.

12

El contrato

Es la gente la que te hace grande, no un cartel.
Texto de la valla publicitaria
del Racing de Avellaneda, Buenos Aires

—¿Y cuáles son esas otras cosas que necesitamos? —preguntó Miguel.

—Lo primero que necesitamos es que las reuniones sean eficaces. Y para ello deben estar las personas adecuadas, debemos tratar los temas oportunos y tener la estructura idónea. Las personas ya las tenemos. Respecto a los temas debemos hacer varias cosas.

»Si no damos información a nuestra gente acerca de su propio puesto y sección, del destino final de su producción y también acerca de la marcha de la empresa, ¿cómo queremos que la sientan como suya? Debemos dedicar un tiempo a darles información. Pero cuando hablo de información no me refiero sólo a cifras de ventas, de producción, de pedidos. Imaginad por un momento que tuvierais que realizar las tareas más insignificantes de vuestro puesto sin información acerca de para qué sirve lo que hacéis. ¿Os lo imagináis? ¿Cómo os sentiríais? ¿Cómo creéis que sería vuestro rendimiento?, ¿mejor o peor? Si vuestra respuesta fuese «peor», ¿sería por la necesidad objetiva de información o creéis que por la sensación negativa?

»No disponer de información acerca de las consecuencias de nuestro trabajo y de nuestra empresa dificulta nuestra identificación con ella, y sin identificación no hay sensación de vinculación, y sin identificación ni vinculación no puede existir el compromiso.

»Pero aún hay más. Disponer de información, ser informados por nuestro jefe de esas cosas que nos afectan pero de las que habitualmente nos enteramos por medio de terceros, nos hace sentir que se nos toma en consideración.

»Segunda cosa que necesitamos: si les pedimos cooperación pero toda la vida han trabajado intentando dar lo mejor de sí mismos por separado, si les pedimos que nos ayuden, que ayuden a su gente y que se dejen ayudar pero toda la vida han funcionado mediante presión, no podemos pretender que cambien en poco tiempo; y además que cambien sin ayuda alguna. Debemos darles tiempo y deberemos formarles en el trabajo en equipo, comunicación y estilo de mando.

»Si hasta ahora al que reconocía un error se le castigaba y al que sabía ocultarlo o pasarle la responsabilidad a otro podía salir indemne, y queremos que solucionen problemas, deberemos crear un espacio para resolver, sin excusas ni culpas, problemas juntos.

»Y a esos tres temas corresponden tres espacios: información, formación y solución de problemas. Y esa será la estructura de la reunión.

»Otra cosa que debemos hacer: marcarnos un Norte,

que será doble: el de los valores y el de los números. Comencemos con el último. Necesitamos unos objetivos de fábrica que dependan de ellos.

—¿Quieres decir «facilitos»? —preguntó David en tono irónico.

Me gustaría decir que en aquel momento Miguel o Javier lo interrumpieron. Pero no fue así. Las caras de ambos reflejaban una mezcla de desconcierto y desasosiego. David tan sólo estaba siendo claro y directo. Y se lo agradecí.

—No, no es eso, David. Sencillamente que esté en sus manos hacer algo por modificarlos. Por ejemplo, hacer piezas buenas y hacerlas a la primera. Eso depende totalmente de ellos.

—Sí, y también el coste unitario.

—¿Seguro que depende totalmente de ellos? ¿Cuáles son los costes principales que componen el coste unitario?

—La energía, las materias primas y la mano de obra.

—¿De verdad pueden hacer algo para influir en el coste de la energía, de las materias primas o de la mano de obra? Aparte de hacer piezas buenas, claro. Cuantas más piezas buenas seamos capaces de hacer con los mismos recursos de que disponemos, menor será el coste unitario. Y si somos capaces de hacerlas bien a la primera, sin necesidad de retoques, aún mejorará más. Si nos centramos en lo que podemos hacer, aunque sean pocas cosas y somos capaces de hacerlas bien, los resultados mejorarán.

»Y mejorarán por dos razones. Porque hacer las cosas bien es la única manera de mejorar. Y porque si nos centramos en lo que podemos hacer y mejoramos, reforzaremos las conductas positivas que queremos que tenga la gente.

»Yo no conozco apenas vuestro proceso productivo, David, pero me comentaste que no tenías en almacén todo el producto que necesitabas para servir a los clientes.»

—Es así.

—Si no recuerdo mal, entre un 10% y un 20% de las piezas, según el modelo, eran defectuosas. Y había, lógicamente, que producir más cantidad para poder servirlas. David, si reducimos esos porcentajes, ¿podríamos estar en condiciones de servir lo que nuestros clientes nos piden?

—Depende de la reducción, Carlos. Pero supongo que sí, o como mínimo disminuirían las demoras. De todas maneras, lo que marcaría la diferencia sería hacerlo bien a la primera, sin necesidad de retoques. Ahorraríamos tiempo y mucho coste.

—A mí, me parecen ideas lógicas que sirven a la empresa en su globalidad —respondí—. Más piezas buenas, más piezas en almacén para expedir y menos demoras en servir a los clientes. Y parece que en gran medida depende de ellos, de los encargados, que el producto salga bien o no y que lo hagan a la primera o no.

—Aún habría una posibilidad más —añadió Miguel—: reducir el tiempo que necesitamos para que los modelos nuevos se pongan en el nivel de rendimientos de los modelos que llevamos tiempo produciendo.

—¿Qué pensáis del indicador que propone Miguel? —pregunté a Javier y David y ambos asintieron con la cabeza—. Así pues, David y Javier tenéis para la próxima sesión el encargo de crear unos objetivos que sean asumibles, y escalados por trimestre, para los dos próximos años. Pensad en los indicadores de los que hemos hablado y tomadlos como referencia. Pueden ser éstos o algún otro que cumpla las mismas condiciones.

—Pero, si se superan porque son asequibles, los podremos subir, ¿no? —preguntó David.

—Si se superan será fantástico. Y, por otro lado, ¿qué números nos interesan y preocupan?, ¿los objetivos o los reales?

—Los reales, Carlos, pero...

—Pues si ese fuera el caso —interrumpí a David—, si hubiéramos superado los objetivos marcados, entonces sería fantástico y así se lo diríamos a la gente. Y no tocaríamos los objetivos.

—¿Pero podríamos cambiarlos o no? —preguntó Javier con un cierto nerviosismo.

—Sólo los podrán cambiar ellos —añadí.

—Carlos, esta vez te has superado —añadió David en un tono irónico que denotaba su escepticismo.

Vi a Javier revolverse en su silla y sentí que comenzaba a albergar dudas acerca de la viabilidad del proyecto.

—Dime David, ¿tú tienes objetivos a conseguir, verdad? Supongo que un número de piezas fabricadas, un tope de presupuesto del que no puedes pasarte y alguna cosa más...

—No vas desencaminado.

—... y que eso lo pactas con Javier a final del año anterior, después de presentar tus previsiones y que él te escucha, y que acordáis una retribución por conseguirlos o no.

—Algo parecido, sí.

—Imagínate que el año comienza bien, que las ventas van bien y que un día aparece Javier por fábrica y te dice: «Hace un día maravilloso, David y he decidido motivarte, proponerte un desafío que te motive de verdad. He decidido subir el nivel de exigencia de tus objetivos. Adiós, que tengas un buen día». ¿Qué tal te sentirías?

—Las cosas no funcionan así, Carlos. Si las condiciones del mercado cambian, lo discutimos, lo hablamos y vemos qué podemos asumir, cuánto más podemos hacer y cómo. Es así como debemos hacerlo.

—Perfecto. Si te he entendido bien, Javier te pide opinión y tu opinión cuenta a la hora de revisar tus objetivos, ¿verdad?

—Exacto.

—Pues eso, exactamente eso significa «que lo decidan ellos». Al presentarles los objetivos, nos comprometemos con ellos y les pedimos que se comprometan. Un compromiso verbal es como firmar un contrato, y por eso no podemos cambiar los objetivos sin tenerles en cuenta. Ellos deben opinar, deben decirnos hasta dónde pueden llegar, si es que pueden llegar más lejos.

»Si cambiamos unilateralmente los objetivos marcados, cambiamos las reglas del juego. Y las estaríamos cambiando después de haberles pedido que se comprometieran y de ellos haber cumplido su parte del acuerdo. Y si les cambiáramos los objetivos a mitad del juego, ¿creéis sinceramente que volverían a confiar en nuestra palabra y a ofrecer lo mejor de sí mismos alguna otra vez?»

Quise interpretar el silencio de todos ellos como la aprobación de mis palabras.

—Existe una segunda razón que desaconseja modificarlos. Cambiando de objetivos, elevándolos, inyectamos presión y un cambio positivo que permanezca en el tiempo como el que queremos es incompatible con la presión. Inyectando presión conseguiremos, con toda seguridad, mejorar los resultados a corto plazo pero el precio es el sacrificio del compromiso y de los resultados a largo plazo.

—Ellos nunca han propuesto objetivos... No sabrán cómo hacerlo —añadió Javier.

—Es cierto. Probablemente no sepan. No lo han hecho nunca y nadie nace enseñado. Si no saben, les enseñaremos y les ayudaremos para que puedan hacerlo. Repito, para la próxima reunión debéis escoger dos o tres indicadores y marcar unos objetivos por trimestre para los próximos dos años. —Entonces dirigí mi mirada a Miguel—. Si tenemos esos objetivos y consideramos que para conseguirlos debemos ser proactivos y trabajar en equipo, me gustaría, Miguel, que para la próxima sesión te hayas mirado el sistema actual de primas y me digas si nos va a ayudar o nos va a suponer un obstáculo. Porque a menudo pedimos a la gente que proponga ideas, que se comprometa, que trabaje en equipo y colabore y, en cambio, diseñamos un sistema de retribución que nos lleva en dirección contraria a donde queremos ir, y pagamos a nuestra gente por todo lo contrario, por hacer estrictamente lo suyo.

—Ahora me he perdido, Carlos —intervino Javier—. Me estás diciendo que si a la gente le pagas por hacer lo que debe, ¿eso puede ser contraproducente?

—No he dicho exactamente eso, Javier. Pero a veces debemos trabajar en equipo y pagamos por conseguir objetivos individuales.

—Pero si todos y cada uno hacen lo que deben, entonces conseguimos el objetivo grupal —insistió Javier.

—No siempre es así. No tiene por qué estar correlacionado el objetivo grupal con la suma de los objetivos de las personas que integran el equipo, departamento o empresa. Te lo explico con un ejemplo. Vamos a pensar en una situación en la que todos somos expertos, en el fútbol.

—¡Vaya! Ahora sí empieza de verdad la polémica —añadió Miguel en lo que todos interpretamos como un intento de aligerar la tensión acumulada.

—Gracias, Miguel. Intentaré no provocar más tensiones. Veamos, ¿qué primas podemos plantear si queremos que nuestro equipo gane la Champions, o la liga o lo que queráis que gane?

—Pagarle por conseguir el título —añadió David.

—Perfecto, David, pagarle por el objetivo global como grupo. Si queremos el título, tanto da los partidos ganados, los goles marcados o los goles encajados. Un campeonato es un campeonato. Y si quieres ganar un campeonato piensa en una prima por conseguirlo. Eso sería lo lógico.

Pero ahora pensemos individualmente, no en la globalidad. Os pido que penséis hacia dónde nos hubiera llevado la prima por objetivos individuales. ¿Qué objetivos individuales podemos plantearles a los centrocampistas, a los delanteros, a los defensas y al portero?

—Al portero que pare ocasiones de gol y al delantero que los marque. Parece lógico si los partidos se ganan marcando goles —añadió David.

—Sí, lo parece, en teoría al menos. Pero si al delantero le pagas por gol marcado, todos los delanteros querrán jugar 90 minutos en todos y cada uno de los partidos, ya que un minuto no jugado es una oportunidad de gol desaprovechada para marcar. Además, ¿creéis que pasarán la pelota a un jugador mejor situado para que éste marque? ¿Y qué pasa si marco tres goles pero mi equipo, y aun así pierde?

—Puedes establecer otra prima por asistencias de gol y la condición de que si no se gana el partido nadie cobra —dijo Javier.

—Es cierto, podemos. Como la realidad es global y compleja, si insistimos en primar lo individual deberemos compensarlo con más reglas y condiciones que contemplen todas las situaciones y excepciones posibles. Tantas reglas como situaciones y excepciones. Pero, creedme, nunca regularemos todas las posibles situaciones y excepciones porque no podemos aislar los elementos de un sistema.

»Veamos el caso del portero. Decíais de pagarle por gol parado. ¿Qué pasa si mis delanteros son tan buenos que ganamos todos los partidos por 3 a 0 y mi centro del campo y mis defensas son tan buenos que el contrario no chuta ni una sola vez a portería? Si pago por «ocasiones de gol paradas» el portero no va a cobrar a no ser que provoque penaltis. Quizá —añadí en tono sarcástico—, si el portero provoca 3 o 4 penaltis cada partido, cobrará el penalti que consiga parar. Probablemente empatemos o perdamos un partido que podríamos haber ganado fácilmente, pero seguro que el portero conseguirá cobrar el penalti parado.»

Me di cuenta entonces que, pese a lo absurdo de la situación planteada (o quizá precisamente debido a eso), parecían entender la necesidad de establecer primas globales. Creo también que la imagen del equipo de fútbol les permitió hacer un paralelismo con la situación de la empresa de manera sencilla y rápida. Íbamos a jugar un partido que debíamos ganar y debíamos hacerlo juntos, como un solo equipo, sin estrellas, sin distinción de titulares y suplentes y sin jugadores no convocados. Todos íbamos a ser titulares en este partido.

—Me gustaría explicaros una segunda historia relacionada con el fútbol. Es una frase de un club argentino que vi en Buenos Aires y que se me quedó grabada en la memoria. Aparte del Boca Juniors y del River Plate, ¿qué otros equipos argentinos conocéis? —les pregunté.

Como respuesta surgieron algunos nombres de equipos vinculados a futbolistas argentinos que jugaban o habían jugado en la liga española, como Gimnasia y Esgrima, Newell's Old Boys, Lanús, Argentinos Juniors o el Independiente de Avellaneda.

—Bien, ¿conocéis cuál es el máximo rival del Independiente de Avellaneda?

—¿Puede ser el Racing de Avellaneda? —apuntó Miguel.

—Lo es. Estás en lo correcto, Miguel. Pues bien, en una de las autopistas de entrada a Buenos Aires vi hace unos meses una valla publicitaria del Independiente de Avellaneda que decía: «No tiembla, no late, arde. Bienvenido a la ciudad del más grande».

»La frase hace referencia a los estadios del Boca Juniors, "la bombonera", del que sus seguidores dicen que «tiembla» cada vez que su equipo juega allí; al del River, por la asociación del sonido de las palabras "late", y "Plate" y también por el latir de sus seguidores, y al estadio del propio Independiente, que "arde" cuando juega su equipo. Pero además, se refiere sin mencionarlo al Racing de Avellaneda al autoproclamarse el Independiente como el equipo "más grande" de la ciudad de Avellaneda.

»Bien, pues cuando volví a Buenos Aires había una valla publicitaria del Racing de Avellaneda junto a la del Independiente. En la valla sólo se veía el estadio del Racing lleno hasta la bandera y una frase que hacía referencia al eslogan publicitario de su rival: «Es la gente la que te hace grande, no un cartel».

»La fuerza de Racing, como de otros muchos clubes, es su gente, su afición. La del Boca hace que el estadio tiemble cuando el Boca juega, la del River hace que el estadio lata como un corazón y la del Independiente hace que el estadio arda; en sentido figurado afortunadamente. En todos los casos, es la gente la que hace grande a un club. Es la gente que está con el equipo celebrando los títulos pero, sobre todo, es la gente que está, partido tras partido, especialmente cuando pierde. Auténticos incondicionales que no desfallecen. No es el presupuesto ni la publicidad, el cartel o valla, lo que hace grande a un club o a una empresa. Es la gente la que te hace grande.

»Y eso es una lección para nosotros. Es nuestra gente la que puede marcar la diferencia entre una empresa normal y una empresa excelente. Y esa frase es la que debemos recordar. Es nuestra gente la que nos hará grande o, en caso contrario, la que hará que no seamos nada.»

Me detuve unos instantes. Necesitaba ver sus caras y comprobar si estaban de acuerdo. Además, quería darles la oportunidad de mostrar su desacuerdo, si es que lo estaban. Después de unos segundos, que me parecieron eternos, tomé su silencio como aprobación y proseguí retomando el tema de las primas para cerrar la sesión.

—Así que, Miguel, necesitamos que estudies las primas

de fábrica con mirada crítica y que nos propongas algún cambio. Lo discutiremos en la próxima sesión, junto con la propuesta de objetivos. Y si no tenéis más preguntas ni comentarios, nos vemos el próximo miércoles a la misma hora.

Al César lo que es del César y al equipo lo que es del equipo

Marque retribuciones coherentes. No premie por objetivos individuales si cree que la única forma de conseguir un objetivo es trabajando juntos.

Los objetivos deben estar basados en indicadores representativos, deben depender de su trabajo y su número debe ser moderado.

Los objetivos deben ser motivadores. Marque objetivos que se puedan conseguir, tanto a medio como a largo plazo. Recuerde que la motivación de logro no funciona si el «logro» no es posible.

Los objetivos no pueden cambiarse unilateralmente.

Nunca pierda su Norte, su objetivo final, y concentre su energía en el seguimiento de los objetivos a corto plazo.

13

Miércoles. Tercera sesión de trabajo

Nunca descubrirás nuevos mares
si no pierdes el miedo a abandonar la orilla.

ANTOINE DE SAINT-EXUPÉRY

—Esta es ya nuestra última reunión antes de iniciar el trabajo con nuestros encargados. Y hay varias razones para vernos hoy —dije para dar comienzo a la reunión—. La primera es hacer un repaso a todos los temas que vamos a tocar en la próxima sesión, que será la primera con nuestros encargados. La segunda es confirmar que todos los mensajes quedan claros. La tercera, y no por ello la menos importante, es buscarle un nombre, una imagen, a lo que vamos a hacer.

Hicimos un repaso a todos los temas a tratar. David y Javier habían hecho bien su trabajo. Los dos indicadores eran los que habíamos hablado en la sesión: porcentajes de piezas buenas totales y porcentajes de piezas buenas a la primera. Además, los objetivos propuestos garantizaban que los primeros meses todos pudieran concentrarse en hacer bien su trabajo más que en la presión de cumplirlos. La progresión de su dificultad era razonablemente asumible y a la vez garantizaba que, entrado el segundo año, la fábrica volvería a ser competitiva respecto a las otras dos.

David había seleccionado un par de problemas a trabajar hacia el final de la reunión, cuestiones que, si volvían a estar bajo control como en el pasado, harían que la fábrica experimentara una considerable mejoría. Y eran problemas cuya resolución dependía en gran medida de ellos.

Javier además había preparado un breve discurso para la presentación del proyecto que enfatizaba la importancia de trabajar juntos para superar los momentos difíciles que la empresa había tenido en el pasado y tenía ahora.

Aproveché el momento para empezar el debate acerca del tipo de mensajes que debíamos dar y del tipo de mensajes que no podíamos dar. Si queríamos generar su compromiso, su participación, los mensajes debían ser de valoración hacia su trabajo y hacia su profesionalidad, con referencias concretas a hechos del pasado y del presente, sin vaguedades que sonaran a «políticamente correcto».

Tras constatar que todos estaban de acuerdo, comenté que había preparado una pequeña actividad de formación para ilustrar cómo el éxito sólo es posible trabajando juntos y confiando en los demás. La mañana estaba avanzando sin grandes sorpresas pero aún quedaban dos temas. Y sabía que iban a ocuparnos mucho más tiempo del que nos habían ocupado los anteriores.

El primero de ellos, el análisis de las primas realizado por Miguel. Como yo había supuesto (y temido) obtener la prima o no obtenerla dependía de la consecución o no de multitud de objetivos, algunos de los cuales tan sólo parcialmente dependían de su trabajo. En palabras de Miguel, nadie recordaba la última vez que alguien cobró la prima de objetivos completa.

Pero aún había una amenaza adicional. Y ésta era la que me preocupaba más. Ninguno de los objetivos que integraban la prima podían conseguirse colaborando. Es más, un análisis detallado de los mismos parecía sugerirnos que para cobrar la prima en su totalidad eran necesarias grandes dosis de individualismo llevado a su extremo.

Fue el propio David quien sugirió que podíamos corregir la situación, dando un peso proporcionalmente importante a los nuevos indicadores y objetivos; los cuales debían conseguirse juntos y no podían conseguirse por separado, sin colaboración o trabajando aislados.

Era también mi opción, mi propuesta de retribución, la que yo había estado preparando durante esos días. Pero, obviamente, no dije nada. Era ideal. Era su propuesta, su idea, habían sido sus palabras, no las mías; aunque yo no podía estar más de acuerdo. Así que me limité a manifestar mi conformidad, pregunté a David y Miguel y ambos estuvieron también de acuerdo. Tan sólo Javier preguntó cómo lo haríamos. Si íbamos a dar peso a estos nuevos objetivos, ¿en detrimento de qué sería?

—Si estamos de acuerdo en lo importante, en el qué, nos será fácil estar de acuerdo en el cómo —dije—. David y Miguel, vosotros deberíais trabajar este punto antes de la próxima reunión. Y aquello que vosotros creéis y que Javier apruebe a mí me parecerá bien.

Y una vez pronunciadas estas palabras me di cuenta que, por primera vez en todo este periodo, no hablaba el consultor que conducía un grupo de trabajo sino algo dentro de mí que se sentía parte de un único equipo, que se sentía uno de ellos.

En todo este tiempo me habían parecido unos buenos profesionales en busca de un camino y un guía para recorrerlo, unas buenas personas que buscaban entender a su gente y guiarla, pero una gente al fin y al cabo a la que yo, como profesional debía decir qué debían hacer. Ahora, en cambio, sentía que confiaba en ellos, en sus ganas de ir a por todas con su gente y su empresa y de tirar adelante lo que ya debíamos dejar de llamar «el proyecto». Era el momento de tratar el último tema de la reunión de aquel día. El momento de ponerle un nombre al proyecto había llegado.

—Ahora —añadí— deberíamos pensar en una imagen que identifique los valores que queremos que tenga nuestro proyecto, nuestra gente, nuestra empresa.

»Durante estos días hemos estado hablando de trabajar juntos, de una visión global como empresa en vez de buscar cada uno su beneficio individual, hemos hablado de confianza, de aceptar desafíos, de resolver los problemas cuando se presentan, sin excusas ni demoras, de ser proactivos, de colaborar y potenciar el desarrollo de nuestra gente y apoyarla. ¿Me olvido algo?»

—Es un buen resumen, creo —dijo David.

—¿Pensáis en algo que pueda representar esos valores?

La discusión duró cerca de dos horas. Aparecieron infinidad de motivos e imágenes. Algunas de ellas vinculadas con eventos históricos quedaron desestimadas por las posibles polémicas respecto al uso de las armas inherente a cualquier episodio histórico. No era únicamente la voluntad de ser políticamente correctos la que nos llevaba a rechazar la historia como fuente de metáforas era, principalmente, que dudábamos de que el liderazgo de las armas y las heroicidades, el liderazgo de la obediencia y del sacrificio, fuera el que estábamos necesitando.

Descartamos también referencias a otros países y culturas porque nuestra voluntad era que fuese algo cercano a la gente, así como la referencia a clubes deportivos porque suelen ser más motivo de polémica que de unión. Hasta que caímos en la cuenta de qué era lo que estábamos haciendo mal. Estábamos pensando en una imagen para nosotros cuando debíamos pensar en una imagen para ellos, culturalmente válida para ellos.

Discutimos algunas ideas más hasta que David dio con una sobre la que podíamos trabajar. Todos ellos vivían en alguna de las dos poblaciones cercanas a la fábrica, ambas bañadas por el Mediterráneo. A pesar del auge en la venta de apartamentos y casas unifamiliares de los últimos años eran poblaciones de dimensiones relativamente pequeñas, en las que el lugar para ver y ser visto aún era el paseo marítimo. Para muchas personas, el final de la caminata por el paseo era acercarse a media tarde a ver la subasta de pescado. Las dos poblaciones tomaban forma alargada siguiendo la línea del litoral, y en ambas se veían barcas de pescadores varadas en las playas.

El mar. Un puente azul que unía países, pueblos, personas, culturas, continentes. Un lugar donde disfrutar con la familia. Un lugar donde ganarse la vida con un trabajo duro. La naturaleza amable pero también la naturaleza implacable. Un lugar donde únicamente debemos aventurarnos si estamos preparados. En las barcas de pescadores no se admiten pasajeros ni polizones, sólo tripulantes, sólo gente que trabaje. Un lugar donde todos tienen su función y nadie es más que nadie, porque todos son necesarios. Un lugar donde la clave del éxito es estar preparado y hacer en cada momento lo correcto. Y la diferencia entre hacer lo correcto o no, estar preparado o no puede ser no volver nunca más a puerto. El mar que nos da comida, la vida. El mar que nos la quita… Las imágenes fluían… como el mar. El mar, el puerto, la subasta de pescado, las barcas, las redes. Todo eso nos evocaba el oficio de pescador. Y muchos de aquellos trabajadores venían de familia de campesinos y pescadores. El de pescador es un oficio duro, de jornadas volviendo de vacío y, aunque en los últimos años progresivamente tecnificado, aún artesanal. Duro, artesanal… era algo con lo que nuestra gente se podía identificar.

El mar, el pescador y todo un universo de imágenes que ambas ideas nos traían a la mente. Tan sólo faltaba la palabra y la imagen que lo resumiera. O que lo evocara.

—¿Os parece que el nombre sea «Barca» y la imagen, una barca típica de pescadores con sus redes?

La respuesta fue un «sí» de todos, pero un «sí» tibio.

—¿Y qué os parece «Mediterráneo»?

El nombre parecía bueno. Me gustaba. Y me vino a la memoria el gran mapa del mundo antiguo en el museo vikingo de Hvolsvöllur, en Islandia. El Mediterráneo estaba en el centro del mundo. En la leyenda del mapa la explicación en inglés, islandés y alemán decía: «Mediterráneo, nombre latino cuya traducción literal es "en medio de la tierra"». Todos asintieron, aunque sin excesivo convencimiento. Parecíamos no hallar la palabra justa, así que decidimos acabar la reunión en este punto y pensar nuevos nombres vinculados al mar y al oficio de pescador.

Miguel, que vivía en primera línea de mar, cerca del puerto, se ofreció para tomar unas fotos y pasárnoslas por *mail* esa misma noche, con la finalidad de que nos ayudaran a decidir. Y así lo hizo. Poco antes de medianoche, recibimos varias fotos de barcas de pescadores. Tal y como imaginaba, Miguel había decidido por nosotros, pues había hecho un dibujo de una barca de pescadores batallando contra las olas, surcando un mar enfurecido. Una barca blanca con unas letras mayúsculas en verde con su nombre: KERIN.

A continuación, envió un segundo *mail* en el que decía: «Sin nombre. Sólo el dibujo».

En los siguientes minutos todos recibimos los correos de Javier con un lacónico «OK» y de David con un «De acuerdo». Mi respuesta fue rápida «4 a favor, nadie en contra. Hecho.»

Ya teníamos la imagen, la metáfora de nuestro viaje y una de nuestras brújulas. A ellos aún les quedaban un par de días de trabajo, pero yo me marchaba por la mañana de vacaciones. Nos veríamos en unas semanas. El primer miércoles de septiembre.

Es curioso. Gran parte del día discutiendo sobre el mar, los pescadores y parte de la noche esperando imágenes del mar y las barcas, y hasta entonces no había caído en la cuenta. Iba de vacaciones a una pequeña isla perdida cerca de Sicilia, en el corazón del Mediterráneo, Strómboli.

Trabaje las dudas, las resistencias al cambio y los temores antes de aventurarse a explorar «nuevos mares»

Si no están todos de acuerdo en la necesidad y viabilidad del proyecto no empiecen. Asegúrese de que todos los que van a liderar el proyecto van en la misma dirección y quieren dar los mismos mensajes.

Busque una metáfora que identifique los valores del proyecto. Dele forma con un nombre o una imagen y aproveche cualquier oportunidad para comunicar la metáfora.

TERCERA PARTE

¿Todos?

14

Primer miércoles de septiembre. Primera sesión con los encargados

POLONIO. *Yo, señor, los trataré conforme a sus méritos.*

HAMLET. *¡Qué cabeza ésta! No señor, trátalos mucho mejor. Si a los hombres se les hubiese de tratar según merecen, ¿quién escaparía de ser azotado? Trátalos como corresponde a tu nobleza, y a tu propio honor, pues así esperan ellos ser tratados. Cuanto menor sea su mérito, mayor será tu bondad. Acompáñalos.*

Hamlet, Acto II, Escena X,
WILLIAM SHAKESPEARE

Aún no eran las 8 de la mañana y yo ya estaba en la sala conectando mi portátil, asegurándome que teníamos todos los materiales a punto y que todo estuviera preparado para la sesión que en poco más de media hora tenía que comenzar. Y, debo reconocerlo, estaba nervioso. Años y años hablando en público constituyen una gran ayuda para disimular los nervios, pero estaba nervioso. Y preocupado. El camino hasta ahora no había sido del todo fácil pero se trataba de José, Luis y dos miembros de dirección, David y Miguel, y contaba con el apoyo de Javier e intuía el de don Alberto y Victoria.

Sentía que, a partir de aquel momento, las cosas podían ir de una forma muy diferente. Luis y José eran unos claros exponentes de lo que me podía encontrar. Trabajadores veteranos, con antigüedad en la empresa, que habían vivido los buenos tiempos de la misma, cuando todo era más personal, en que sentían que se contaba con ellos, que eran parte de la empresa, pero que también sentían que esos tiempos irremediablemente eran ya el pasado. El resto, era gente joven que consideraba que su puesto era una mera fuente de ingresos a la espera de una oportunidad en una empresa mayor, una oportunidad que quizá nunca llegaría.

A las 08:15 entraron David y Miguel. Poco después empezaron a llegar los encargados. Cumplí con el ritual de estrechar las manos de todos conforme llegaban, mientras disciplinada y silenciosamente iban tomando asiento a la espera de que empezara la sesión. Faltaban apenas cinco minutos cuando entró Javier acompañado por don Alberto. Él era la sorpresa que Javier nos había reservado. Él abriría la sesión.

Don Alberto y Javier volvieron a cumplir con el ritual de estrechar todas las manos. Don Alberto se tomó su tiempo para saludar a algunos de ellos, a los que vivieron los primeros años de la fábrica con él compartiendo algún comentario, algún recuerdo, alguna anécdota. Javier hizo lo propio con aquellos algo más jóvenes, con los que había compartido sus primeros días como aprendiz en fábrica. Finalmente don Alberto tomó la palabra y se hizo el silencio en la sala.

Fueron poco más de quince minutos en los que los allí presentes escucharon con suma atención las palabras de aquél que hacía ya más de 40 años había decidido arriesgarse a abrir un pequeño horno de elaboración de cerámica con la ayuda de unos cuantos trabajadores. Los primeros años, duros, dieron paso a una época de crecimiento y posterior consolidación para finalmente dar el salto al mercado europeo. Su última decisión, antes de entregar el relevo a su hijo, explicó emocionado, fue la apertura de dos fábricas nuevas en el norte de África y en un país de la Europa oriental.

Don Alberto tomó la historia de KERIN como hilo conductor de un relato de pequeñas anécdotas y vivencias, alegres y duras, relacionadas con todos, absolutamente todos los allí presentes, a quienes se refirió por sus nombres, ya fueran veteranos o noveles. Una historia de entrega, compromiso y superación. Incluso, para mi sorpresa, se refirió a mí con un comentario acerca del duro proceso vivido hace ya un par de años con el equipo comercial. «El guía de un duro pero exitoso camino», fueron sus palabras.

Oía a don Alberto hablar emocionado de la fábrica, de sus inicios, de cómo con el esfuerzo de todos y el trabajo duro se remontaron las crisis, hablaba del pasado y de sus esperanzas en la empresa en general y en esta fábrica en particular. Podía sentir esa emoción en el tono de su voz, en sus silencios, en las miradas a su hijo y a los trabajadores más antiguos, aquellos que compartieron los inicios. Ahora, según él, era el momento de hacer causa común y remontar el vuelo como habían hecho en ocasiones anteriores. Y era algo que debíamos hacer juntos porque sólo así lo lograríamos.

¿Cómo un empresario de éxito, alguien que ha conseguido crear tres fábricas y vender una marca en países de toda Europa, alguien que ha superado infinidad de problemas y crisis, podía estar a punto de tener que interrumpir su discurso por la emoción? Una emoción que podía sentir en todos ellos en medio del silencio que reinaba en la sala. La misma emoción que me había transmitido Luis en nuestra conversación en la fábrica hacía ya unas semanas. Si todos ellos eran capaces de sentir «eso» por la fábrica y la empresa, «eso», fuera lo que fuese, sería nuestro capital para este viaje.

Llegó entonces el turno de David. Tras agradecer las palabras de don Alberto comentó «la necesidad de tener los pies en el suelo y de conocer, por lo que hace referencia a la producción, nuestro pasado más reciente, nuestros últimos meses y de presentar los objetivos para los dos próximos años».

Durante su intervención, de poco más de 15 minutos, repitió en varias ocasiones que aquel grupo de profesionales había sido capaz de experimentar mejoras similares en el pasado, de remontar el vuelo y era perfectamente capaz de hacerlo ahora.

Y llegó mi momento. Debía explicarles la estructura de las sesiones. Pero debía hacer algo más. Por encima de cualquier otra cosa, quería transmitirles algunas de las competencias, actitudes y valores que nos inspirarían: confianza, transparencia, colaboración y aceptar nuestras responsabilidades.

Primer miércoles de septiembre. Primera sesión…

Era imposible explicarlo todo. Imposible explicar brevemente algo que nos iba a ocupar los próximos dos años. Así que decidí que debían conocerlo por sí mismos. Debían disfrutarlo, sufrirlo, vivirlo. Y había preparado un juego breve que ilustrarse cómo confiando, colaborando y aceptando nuestras responsabilidades, en vez de escondernos cuando hay problemas, el éxito es posible. El resultado fue el que preveía. Desconfianza, nada de colaboración ni de aceptar responsabilidades o culpas y, lógicamente, malos resultados para todos.

Expliqué qué había pasado y por qué. Y me detuve en describir los paralelismos con una empresa y el porqué de este juego en ese preciso momento. También les dije que lo que había pasado en esa sala era un reflejo de cómo se sentía cada uno de ellos como persona y profesional y de cómo se sentían entre ellos.

—Este proyecto es, entre muchas otras cosas —les dije—, el camino de superación de lo que hemos visto, vivido y oído. De lo que hemos visto y vivido en el juego y de lo que hemos oído decir a don Alberto. El largo camino hasta volver a ser un verdadero equipo. Y, retomando las palabras de don Alberto y de David, para volver a ser la empresa que fuimos y merecemos volver a ser.

Les expliqué que para trabajar esos valores y ser como podían y debían ser, haríamos formación. Además de que habría un espacio para recibir información y solucionar juntos los problemas de la fábrica.

Dejé muy claro que no eran ellos los culpables de nada. La razón de reunirnos todos para resolver problemas una vez al mes en esa sala se debía simple y llanamente a que eran ellos los únicos con el conocimiento y experiencia necesarios para hacerlo. Y que debían hacerlo juntos o no podríamos hacerlo, que ése era el lugar y que nosotros, incluido yo, incluidos don Alberto y Javier, Miguel y David, estábamos allí para ayudarles a hacerlo. Únicamente para ayudarles.

Cuando llegó el momento de hacer una pausa, entraron los cafés, las aguas y los sándwiches. Éramos cerca de una treintena de personas comiendo y bebiendo en la sala. Personas, que, en su gran mayoría, se conocían hacía años. ¿Qué se podía esperar de una situación así sino ruido, risas, jaleo...? Pues no. Nada de eso. No había ruido ni jaleo, ni siquiera risas. Comían, bebían, hablaban... pero el ambiente era excesivamente tranquilo.

Honestamente, no me gustaba. Me preocupaba que David y yo no hubiéramos conseguido mantener el clima creado por don Alberto. Ambos habíamos sido claros y sinceros. Pero, ¿era claridad y sinceridad lo que les había llegado? ¿O quizá la capa de escepticismo y desánimo acumulada durante los últimos años era demasiado dura y profunda para ser atravesada? O sencillamente, yo estaba pidiendo demasiado y muy rápido a cambio de unas palabras y unos trucos de formador.

Y mientras yo estaba pensando en qué hacer para que el espíritu del proyecto les llegara, Miguel dejó su botellín de agua y se acercó al portátil. Era la hora de retomar la sesión y del turno de Miguel. Del Miguel creador de la imagen, pero también del Miguel director de Recursos Humanos que debía explicar el cambio de las primas.

Nadie cobraba en la actualidad la totalidad de la prima y los objetivos planteados no sólo parecían asequibles sino que su peso en la nueva prima era elevado. Así que la propuesta fue recibida sin quejas. Sin entusiasmo, pero sin quejas.

Por fin llegó el momento de explicar el logo que habíamos escogido para representar el largo camino que hoy empezábamos y para explicar las reglas del juego que todos seguiríamos a partir de hoy. Y entonces apareció ante nuestros ojos la transparencia con la barca de pescadores surcando las olas de un mar enfurecido.

Miguel describió con auténtica pasión todas y cada una de las ideas que acuden a nuestras mentes cuando pensamos en el mar, en una barca, en el oficio de pescador, deteniéndose en las emociones que la imagen transmitía. Y supo a quién debía preguntar para obtener matices nuevos, significados adicionales. En definitiva, supo qué debía hacer para que nuestra barca comenzara a ser, desde aquel momento, un poco suya, de todos.

De esta manera, Miguel recuperó la atención e interés de nuestros encargados y los condujo hacia el espíritu del proyecto. A continuación, le llegó el turno a David. Éste escribió un par de números en el rotafolio. Eran las pérdidas de la última semana a causa de los dos principales problemas de la fábrica. Al lado de cada número escribió el defecto correspondiente. Después señaló el mayor de los dos números, miró al grupo y dijo:

—Señores, éste es nuestro mayor problema y en esta sala está todo lo que necesitamos para resolverlo. Así pues, empecemos a resolver problemas. —Dejó de señalar el rotafolio, se sentó en el borde de la mesa y dijo—: ¿Qué podemos hacer?

Si quiere que el compromiso de su gente sea como el suyo propio, trátelos como iguales, como profesionales

Las reuniones y el espacio donde tienen lugar deben ser su «Pingvellir», su Parlamento; el hogar de los hombres libres, donde todo ocurre «con luz y taquígrafos». Sin comunicación total no hay igualdad y sin ambas no puede haber identificación ni compromiso.

Cree expectativas e ilusión

Dé toda la información y formación que sea necesaria. Centre el grupo en las tareas, en la búsqueda de soluciones, no en las culpas ni en las excusas y refuerce constantemente el mensaje de grupo. «Somos uno, todos estamos en la misma barca. Flotaremos y llegaremos a puerto todos o nos hundiremos juntos.» «Aquí no hay jefes ni colaboradores, sólo un equipo trabajando unido para resolver problemas.»

15

Finales de octubre.
Días antes de la tercera sesión

El hombre que sufre antes de lo necesario,
sufre más de lo necesario.

SÉNECA

Habían pasado casi dos meses desde aquel miércoles de septiembre. Y con ellos también había pasado ya la segunda sesión que había tenido lugar a primeros del mes de octubre. En ambas ocasiones mi sensación fue la misma. La primera parte resultaba francamente buena, porque todos participaban en la sesión de formación, algunos de ellos, incluso, trazaban paralelismos entre lo vivido en la actividad y su situación en fábrica. Por encima de otros males menores destacaba la falta de comunicación y colaboración entre encargados y el reconocimiento de que su gente era víctima de esa falta de comunicación, aunque también aprovechaba esas fisuras para hacer menos de lo debido.

Las lagunas de información y autoridad que la falta de comunicación entre encargados provocaban hacían que algunas decisiones se tomaran a destiempo, sin disponer de toda la información y desconociendo si ya se habían puesto anteriormente en práctica o si habían funcionado. En definitiva, las decisiones se tomaban, pero tarde y mal. Y durante esas dos sesiones habíamos trabajado algunas propuestas para cambiar esa situación. Pero todo cambiaba después del café. En la segunda parte de la primera sesión, en la resolución de problemas, la mitad de los encargados no habían participado. En la segunda sesión el porcentaje no mejoró. Aun así las cifras no eran malas.

Por mi parte, estaba en contacto permanente con Javier, David y Miguel, y recibía diariamente información acerca del cumplimiento de los objetivos. Durante todos y cada uno de los días transcurridos los resultados habían sido conforme al objetivo marcado o lo habían superado. Quedaban poco más de 10 días para la tercera sesión y todo hacía pensar que nos reencontraríamos el primer miércoles de noviembre en nuestra tercera sesión.

Pero nunca la felicidad es completa ni duradera. Eran poco más de las 8 de la mañana del último lunes de octubre y quedaba algo más de media hora para el inicio de un curso cuando sonó mi móvil. En la pantalla vi el número de Javier.

En los días inmediatamente posteriores a la primera sesión hablaba a diario con él, pero desde entonces mi interlocutor había sido David. Era él quien me llamaba sobre las 7 de la tarde para comentarme los resultados del día. Y era con él con quien comentaba el seguimiento del estado de las acciones de mejora propuesta. Pero ni era David, ni eran las 7 de la tarde. Era Javier y eran poco más de las 8 de la mañana, muy pronto. Así que imaginé que no serían buenas noticias.

Su tono de voz confirmó lo que sospechaba. Las últimas

cifras que yo conocía, las del viernes, eran buenas. Pero en estas 72 horas habían empeorado. Y mucho. Por la información que me estaba dando Javier deduje que si seguíamos en estos niveles durante un par de semanas más, habríamos echado a perder todos los progresos conseguidos en estos dos meses.

—...y David está algo preocupado —fueron las últimas palabras de Javier.

Empezaba a conocer a David e imaginaba cómo debía sentirse y cuál estaba siendo su reacción. Y las palabras que me venían a la mente para describir su estado anímico en nada se parecían a «algo preocupado».

—Dime, Javier ¿la gente está haciendo lo que se comprometió a hacer en las sesiones? —pregunté.

—Bueno, sí, Carlos. Claro que lo hacen. Pero tanto da; los resultados van a la baja. Tendremos que dar un golpe de timón y decirles qué están haciendo mal y controlar que se haga bien. ¿No te parece?

—Javier, si estás seguro de que la gente hace lo que debe, que realmente hace lo que se ha comprometido a hacer, nuestra intervención debe ser otra. Estoy totalmente de acuerdo contigo en que debemos actuar lo antes posible, pero nuestra actuación debe ser otra.

Javier se mantuvo en silencio unos segundos que me parecieron eternos.

—Bueno, ¿y qué propones?

—Una reunión de emergencia.

—¿Qué es para ti una reunión de emergencia? y ¿cuándo y cómo la hacemos?

—La hacemos, no, convocadla hoy mismo para mañana

martes a primera hora. Yo no asistiré. Pero te explico qué debéis hacer.

—¿No estarás?

—No. Yo no asistiré. Ni puedo asistir ni debería asistir aunque pudiera.

—David puede hacerla. Solo. Y debe hacerla él. Confío plenamente en su capacidad para hacerla. Es algo que debe hacer como capitán de la nave. Una reunión para comunicarles su confianza en que están haciendo lo correcto y para pedirles que se comprometan en soluciones adicionales a los problemas que tenéis.

»David debe convocarlos a todos y decirles tan sólo: «Señores, hace días que los números no son los que debieran. Ustedes son los que conocen esta fábrica. Están haciendo todo lo que dijeron que harían, pero aun así hay algo que se nos escapa, algo que está fuera de nuestro control. ¿Qué está pasando y qué más podemos hacer para remontar los números?» Y no decir nada más. Que hablen y digan qué se puede hacer.

»Javier, empiezo a conocerlos y creo que saldrán suficientes ideas como para empezar a remontar los números.»

—Oyéndote todo parece fácil.

—No, Javier. Quizá lo parezca. Pero nadie ha dicho que sea fácil, tan sólo es sencillo de formular.

—Bueno. Ya llamo yo a David.

Y me despedí con un: «Perfecto. Ya me explicaréis esta tarde cómo ha ido». Hubiera preferido llamar a David personalmente, explicarle qué hacer y decir, pero acepté la decisión de Javier. En parte, porque estaba seguro de que no tardaría en recibir la llamada de David.

No sufra antes de tiempo

No pierda la paciencia. Los resultados son sólo un síntoma que denota si se está haciendo lo correcto o no. Aun así a veces el síntoma positivo tarda en llegar. Si reacciona con presión cuando su gente está haciendo lo correcto, cuando está haciendo aquello que se comprometió a hacer, su confianza y, por tanto, su conducta, cambiará. Puede ser que consiga resultados a corto plazo, pero a costa del compromiso y confianza de su gente.

16

La llamada de David

No te preocupe equivocarte,
pero asegúrate de no cometer el mismo error dos veces.
Akio Morita, antiguo C.E.O. de SONY

Eran las 7 de la tarde cuando acabó el curso que me encontraba realizando y pude, por fin, consultar el buzón de voz. David no había llamado. Quizá no lo conocía tanto como yo creía. Quizá mi explicación a Javier acerca de qué debía hacerse era tan clara que no dejaba lugar a dudas. O quizá David no estaba de acuerdo con convocar una reunión como mejor manera de tratar la situación.

Pero si realmente conocía a David sabía que no estaría de acuerdo, que diría que ésa no era la solución a la situación y que así se lo comunicaría a Javier, aunque a pesar de todo haría la reunión siguiendo mis pautas y consejos. Pero también creía saber que me llamaría para decírmelo. Decirme que la haría aunque yo estuviera equivocado. Y por eso me extrañaba su tardanza. De pronto, mi móvil sonó. Era David.

—Tú y tus reuniones —fueron sus primeras palabras, aunque no en el tono duro que esperaba. Parecía relajado. Así que decidí responder con el mismo tono.

—Parece que hoy no hablaremos de números, ¿me equivoco?

—Pues sí, esta vez te equivocas. Hablaremos de números. Pero ahora no; dejemos los números para luego.

Y entonces me explicó que después de hablar aquella mañana con Javier había pasado algo. Se había encontrado con un pequeño grupo de encargados esperándole a la puerta del despacho. Habían estado reflexionando sobre los principales defectos y, tras hablar con algunos de sus operarios, creían tener la causa de los malos rendimientos y algunas ideas sobre posibles acciones a realizar. Tan sólo le pedían su permiso para probarlas y unos días para ver si daban resultado.

—¿Les has dicho que sí?

—Sí. He pensado que eran acciones bastante razonables y que podían funcionar. Y que, de todas maneras, tampoco van a empeorar los resultados. Así que les he dicho que lo probaran, que se lo comunicaran a los encargados de los otros turnos y que en la próxima sesión nos presentaran los resultados.

—Impecable, David. Perfecto.

—¿Debo hacer la reunión de emergencia?

—Dímelo tú. Viendo las iniciativas que te han presentado, ¿crees que es imprescindible hacerla?

—Creo que no, creo que las acciones que proponen funcionarán y que veremos resultados en unos días. Estoy casi seguro.

—Entonces no hace falta convocarla —díselo a Javier.

—Muy bien. Ya que estamos, ¿te explico cómo tenemos los números?

—Te escucho, soy todo oídos.

Aprendizaje y errores

La combinación de ideas nuevas y pruebas da como resultado: aprendizaje. Cierto, pero en el medio y largo plazo. En el corto plazo también da errores. Los errores son requisito básico en todo aprendizaje. Sin error el aprendizaje no existe y sin aprendizaje no existe crecimiento.

Aprendizaje, errores y compromiso

La solución de los problemas de su fábrica, equipo, departamento u organización pasa por su gente. Por ello, una solución surgida de ellos siempre será más fácil de implantar y, con toda probabilidad, más efectiva. No frene las ideas de su personal. Aliéntelas. Piérdale el miedo al error. No tema equivocarse y no castigue los errores de los demás.

17

Cuarta sesión. Fin de año

*Puedes pensar que cada día es un pequeño milagro o,
por el contrario, puedes pensar que cada día es un
castigo.*
*Si piensas que cada día es un pequeño milagro, halla-
rás pequeños milagros; pero si piensas que es un castigo, éstos acudirán a ti.*

ALBERT EINSTEIN

Los duros días de finales de octubre habían quedado superados. Nuestros esfuerzos, los de todos, habían dado sus
frutos. Los resultados eran buenos. Se acercaba el final de
año y llevábamos desde septiembre trabajando. Tres meses
juntos. La fábrica parecía bajo control y todos parecían
transformados. Aquella mezcla de tristeza y descontento
que flotaba en el ambiente hacía unos meses, ahora se había convertido en un clima cordial y, por qué no decirlo, de
contenido optimismo. Desde luego aún quedaba mucho
trabajo por hacer, pero todo marchaba razonablemente
bien.

Y decidimos que la sesión de diciembre sería diferente.
Victoria asistiría para explicarnos cómo habían ido las ven-

tas del año e informarnos de las previsiones para el siguiente. Javier reservó una sala en un hotel de la población. Y un salón sólo para nosotros donde comer juntos y relajadamente después de la sesión. Si el hotel era conocido por algo era precisamente por la calidad de su cocina.

Planeamos una sesión más corta para dar tiempo a la comida. Esta vez no mostramos los números más recientes ni los problemas actuales. Por el contrario, lo que David y Javier hicieron fue mostrar la evolución comparativa de los cuatro meses de andadura de nuestro proyecto, los cuatro meses de navegación.

Al final de la sesión, Victoria presentó las cifras de ventas. Las previsiones de cierre del año que acababa y las del año que estaba a punto de comenzar. También presentó las novedades que estaba previsto empezar a vender y, por tanto, fabricar el año siguiente. Novedades que, afirmó, un año atrás hubieran sido destinadas a las otras fábricas, pero que en aquellos momentos, nuestra fábrica era capaz de asumir e iba a producir. Y Victoria cerró con un «y me parece que mi hermano tiene algo que añadir al respecto». En efecto, tenía algo muy importante que añadir. Javier habló de las inversiones que llegarían el próximo año para asumir esa nueva producción.

Eso, traducido al lenguaje de fábrica, son años de vida para rentabilizar la inversión. Es confianza en la fábrica y en las personas. Es, sencillamente, futuro. Era cierto que, mirándolo fríamente, sólo era una inversión moderada para hacer un porcentaje pequeño de producción adicional y que no era la gran inversión que se requería para renovar a fondo la planta; pero estas nuevas máquinas y esta nueva gama era la manera que la dirección tenía de decirnos a todos que confiaba en nosotros, en la fábrica.

El grupo tardó unos segundos en procesar esa información. Pocos. Y entonces todos respondieron con un minuto de aplausos.

Yo volví a percibir «eso» que había sentido el día del discurso de don Alberto y el día de la visita a la fábrica con Luis. Pero aquel día era diferente. Aquel día era algo más que un sentimiento hacia la fábrica. Lo que se percibía era la sensación de que ese sentimiento era mutuo. No hay relación de pareja que funcione sin el compromiso de los dos cónyuges. Y hoy, por fin, ellos volvían a sentir que ese compromiso era mutuo. Y esa sensación flotó entre nosotros el resto de la sesión, y también durante el aperitivo, en la comida y en los cafés. Y quizá volvió con nosotros hasta la fábrica, diluida en el aire.

El compromiso es la semilla de los pequeños milagros que podamos ver en nuestras fábricas

Muestre con hechos (pequeños y grandes) su compromiso hacia su gente. Si el compromiso no es mutuo, no será duradero. Haga usted aquello que pide a los demás que hagan. Dé ejemplo con hechos y conductas visibles. Si les pide compromiso, ¿cómo les demuestra usted el suyo?

18

Enero. Quinta sesión.
Por ser una fábrica excelente

Una alegría compartida se convierte en doble alegría;
una pena compartida se convierte en media pena.

Proverbio sueco

Los días iban pasando y los indicadores se mantenían en un nivel sorprendentemente alto desde la reunión anterior. Nadie recordaba cuánto tiempo había pasado desde la última vez que habíamos tenido cifras similares. Pero fuera cuando fuese habían sido tiempos de producto más sencillo, de menos referencias y de un volumen bastante menor de producción. Y aún quedaba una reflexión más por hacer. No había habido ningún cambio en fábrica que justificara esta subida ni que hiciera preverla. Pero había pasado un mes completo desde la sesión anterior y las cifras seguían sin dar señales de querer descender.

Era el día de la reunión mensual y Miguel nos había preparado una sorpresa. Miguel había captado la esencia del proyecto y había decidido pasar a la acción. Quería celebrar por todo lo alto aquellos excelentes resultados. Así que, cuando acabó la primera parte de la sesión, tomó la palabra y nos invitó a todos a ir al comedor de la fábrica. Allí nos esperaba la sorpresa. En el comedor había sobre las mesas tres grandes pasteles en los que se leía: «Por ser unos chicos excelentes», palabras que incitaban a tararear la conocida canción.

Después, Miguel nos dijo que debíamos reunir a los operarios a pie de máquina y pedirles que nos dedicaran cinco minutos de su tiempo. La idea era tan simple como poderosa... y revolucionaria. Felicitar a los operarios por el excelente trabajo realizado, por su decisiva participación en los resultados, y más aún, agradecerles honestamente su esfuerzo día tras día, de forma constante e incansable, por hacer bien su trabajo, por hacer cada día un poco mejor la empresa.

Miguel nos miró a todos y cada uno de nosotros para asegurarse de que comprendíamos el mensaje y la magnitud de lo que íbamos a hacer. Estábamos a punto de parar la fábrica unos minutos para felicitar a la gente por algo tan simple como hacer bien su trabajo. Hace un año alguien hubiera dicho: «¿Felicitarles por hacer su trabajo?, ¿no les pagamos acaso por ello?» Hoy nadie dudaba que estuviéramos haciendo lo correcto.

Animó a Javier y a David a tomar dos de los pasteles y se reservó el tercero para él mismo. Cada uno de ellos se dirigiría a una sección de la fábrica acompañado por un grupo de encargados. Algunos de éstos se adelantaron con el objetivo de reunir a los operarios de su sección. Yo decidí acompañar a David. Debo reconocerlo, guardaba aún alguna duda acerca de si no acompañaría su mensaje con algún comentario desafortunado que diluyera la magia del momento que íbamos a vivir.

La imagen fue de sorpresa. Los operarios se miraban entre sí desconcertados, sin saber para qué los reunían. La sorpresa y el desconcierto aumentaron cuando llegamos con el pastel. David los miró sonriente y les dijo que sus jefes tenían algo que explicarles.

Y así, uno tras otro, fueron improvisando discursos acerca de hacer bien el trabajo, de que todo el conocimiento que se necesitaba para hacerlo estaba ahí, que habían superado tiempos duros, y algunos acompañaron su discurso con anécdotas vividas hace años por todos ellos. El clima de emoción nos contagiaba a todos.

Llegó mi turno. Tan sólo dije que me sentía feliz. Feliz por mí, por tener la oportunidad de vivir hoy un momento así y feliz por ellos, porque se lo merecían, porque se lo habían ganado a pulso. Todo el grupo dirigió entonces su mirada a David, esperando que dijera algo que cerrara el acto. Éste carraspeó ligeramente antes de hablar.

—Sabéis que no soy hombre de muchas palabras, soy un hombre de hechos, de fábrica, como vosotros. Y, además, vuestros encargados ya lo han dicho todo. Así que voy a ser breve. Gracias. Viéndoos trabajar cada día y escuchando ahora todo lo que habéis vivido y luchado, amplío mi confianza en vosotros. Sé que tenemos un largo camino como empresa. Juntos.

Dicho esto David guardó silencio un par de segundos y entonces esbozó una sonrisa pícara y dijo:

—Y ahora señores, rapidito, que se nos acumula el trabajo.

El comentario arrancó risas y aplausos y abrió el tiempo de comer el pastel. Cuando hubieron acabado con el pastel y marchado de vuelta a sus puestos, volvimos a la sala a continuar con la reunión. Los encargados iban por delante, con un paso más decidido y David y yo unos pasos más atrás.

—¿Qué te ha parecido mi discurso? Como los tuyos, con tus ideas y palabras pero con mi estilo.

—Claro, cada cual tiene su estilo —respondí.

—Sí. Se trataba de decir lo mismo, pero en menos tiempo, ser más eficiente.

No podía creer lo que estaba oyendo. Parecía que realmente estaba emocionado cuando hablaba. Supongo que mi cara reflejaba mi sorpresa y, por qué no decirlo, algo de indignación. Entonces poniendo su mano sobre mi hombro me dijo:

—Es broma. Aunque no te lo creas yo también tengo mi lado sensible.

Y entramos en la sala para continuar con la reunión.

Cuide a su gente

Cree una cultura de celebrar lo positivo y abandone la cultura de buscar culpables y castigar lo negativo. Celebren juntos los éxitos, los grandes y también los pequeños. Pero hallen ocasiones también para celebrar el hecho de estar juntos, de trabajar juntos; y reconozca todo lo que de positivo hay en el trabajo de su gente.

Las empresas excelentes sólo son posibles con personas excelentes. Y sin la excelencia en el trato a las personas no hay empresas excelentes.

19

Últimos días de febrero.
Un paseo por la fábrica

«¡Siente!, no pienses. Confía en tu instinto
y que la Fuerza te acompañe.»
Qui Gon Jinn a Annakin Skywalker en
La amenaza fantasma, dirigida por GEORGE LUCAS

Quedaban pocos días para la sesión de marzo y debía cumplir con un compromiso que había adquirido en la sesión de enero. Al acabar aquella sesión, Luis se me había acercado preguntándome si podía dedicarle unos minutos. Al parecer, durante las últimas semanas varios encargados le habían comentado sus impresiones acerca de las sesiones y le habían hecho algunas confesiones de por qué la participación apenas mejoraba.

Los comentarios respecto a la primera parte de las sesiones eran mayoritariamente positivos. Agradecían recibir información acerca de la marcha de la empresa y de las ventas, y valoraban positivamente una formación que atacaba de forma constructiva y divertida («con jueguecitos», fueron sus palabras) los problemas de colaboración entre personas, secciones y departamentos.

El panorama respecto a la segunda parte de la sesión era diferente. Y los comentarios, oídos en boca de Luis, arrojaban bastante luz sobre la gran pregunta: ¿por qué la gente no participaba más? La primera de las causas era la densa capa de escepticismo y autodefensa adquirida en los últimos años. «La gente ya no se cree nada», eran las palabras de Luis. Aún había personas que dudaban de que sus ideas fueran realmente escuchadas y de que su conocimiento fuera valorado y se aprovechara para resolver los problemas.

Habíamos realizado ya seis sesiones y en ellas habían surgido cerca de 50 ideas de mejora. Algunas de ellas, pocas, pendientes de realizar. El resto fueron todas probadas en fábrica y un porcentaje elevado habían sido ya incorporadas como buenas prácticas habituales. Quizá por ello, las piezas defectuosas ya no se amontonaban en los pasillos y las piezas buenas «ya van caminando hacia el almacén», por utilizar la expresión de David.

Por eso, Luis confesó que algunos encargados habían comenzado a reconsiderar su postura. Las otras causas tenían que ver con la propia naturaleza de las sesiones y la dificultad de expresar el trabajo realizado. Algunos encargados habían comentado lo complicado que les resultaba explicar en presencia de otros encargados algunos de los problemas de relación y de gestión de su equipo, así como la imposibilidad de explicar con detalle todas las pequeñas acciones de mejora que ponían en práctica en fábrica en el periodo entre sesiones.

Y un último problema, era la dificultad que estos hombres prácticos y de acción tenían de expresar con palabras algunos de los problemas técnicos. Simple y llanamente, pánico a hablar en público.

Luis estuvo de acuerdo conmigo en que el tiempo acabaría cambiando el punto de vista de aquellos que todavía se mostraban escépticos acerca de la voluntad de la dirección de escuchar sus ideas y yo, por mi parte, me comprometí a pensar en la manera de superar aquellos problemas. Pero adquirí un segundo compromiso: bajaría a fábrica con él antes de la siguiente sesión para recorrerla de su mano y detenerme a hablar con los diferentes encargados e interesarme por su día a día. Y el día de cumplir lo pactado había llegado.

Eran las 8:30 de la mañana y entré directamente a fábrica desde el comedor. Hacía medio año me hubiera perdido más allá de las oficinas, pero ahora incluso era capaz de orientarme solo. Luis estaba esperándome.

—Buenos días. ¿Empezamos?

Así me recibió Luis. Con su estilo claro y directo, antes de acabar de pronunciar estas palabras ya se había puesto en marcha en dirección a la fábrica. Juntos volvimos a realizar la visita completa a la fábrica, como ya habíamos hecho hacía unos meses. Y hablamos con las mismas personas. También como hacía unos meses. Pero algo había cambiado.

La vez anterior, el resto de encargados poco menos que se escondían al vernos. El clima podríamos decir que era de desconfianza solo mitigada por los elogios que pudiera hacer Luis del conocimiento y experiencia de cada uno de ellos. Y con los operarios la situación no difería mucho. Ahora la situación era diferente. Los encargados salían a nuestro paso a comentarnos las acciones que estaban poniendo en práctica y los resultados que estaban obteniendo. Algunos de ellos, incluso nos presentaban orgullosos a los operarios que habían mejorado algunas de estas ideas mediante sus aportaciones. Según sus propias palabras, algunas de estas acciones nunca hubieran podido ser implantadas exitosamente sin las propuestas, modificaciones y ajustes propuestos por los operarios. En definitiva, sin las mejoras fruto de su conocimiento y experiencia.

La visita que la vez anterior pudimos completar en poco más de dos horas, nos llevó esta vez gran parte del turno. Y como ya sucedió entonces, mi capacidad de procesar conocimiento industrial se vio pronto sobrepasada. No obstante, disfruté oyéndoles explicar sus vivencias diarias para gobernar la fábrica, la barca, la nave en su doble acepción de nave industrial y de navegación. Diría incluso que ellos disfrutaban también del relato. Transmitían el orgullo profesional que sentían por haber superado día tras día un problema tras otro y también ahora por sentirse escuchados. En ese preciso momento, pero también, y muy especialmente, en las reuniones.

Y me fui al final del día con la sensación que estábamos en el camino correcto y de que ya no retrocederíamos.

Emociones y participación: ¡Sienta!

No tenga miedo a conocer y gestionar sus emociones y las de su gente. Son tan reales como los datos que usted pueda manejar.

Multiplique el tiempo que invierte en la actualidad a comunicar. Hable con su gente, conózcala, dé feedback, explíqueles para qué sirve su trabajo (el de ellos), qué beneficios produce a los clientes internos y externos y no desaproveche ninguna oportunidad para comunicar la metáfora y los valores y competencias que se esconden detrás de ésta.

La no participación no es la causa de nada. Es un síntoma. Detrás del miedo a participar en las reuniones pueden esconderse muchas causas. No presione para crear artificialmente la participación de su gente sin antes conocer dichas causas. A menudo las causas son individuales (como el miedo a hablar en público o creer que no se sabrá o podrá estructurar el mensaje), pero otras muchas son colectivas fruto del clima actual o del histórico.

20

Marzo. Creencias y rituales

Libertad, Igualdad, Fraternidad.
Lema de la Revolución Francesa

Volvíamos a estar los cuatro juntos en la sala de reuniones. Era martes y al día siguiente tendríamos de nuevo reunión, nuestra séptima sesión mensual. Habíamos avanzado mucho en ese tiempo. Los objetivos numéricos que nos habíamos marcado para ese trimestre habían quedado ampliamente superados. Por lo que respecta a los encargados, la mejora aún había sido mayor. El ambiente en las sesiones ya no era de silencio tenso sino de bulliciosa productividad.

Me costaba recordar a alguien que no hubiera participado en alguna de las últimas reuniones realizadas. La mayoría habían propuesto ideas de mejora y se habían responsabilizado de ponerlas en práctica. No todas las propuestas habían dado resultados positivos, es cierto. Pero todos estaban dando lo mejor de sí mismos.

Y ese clima había penetrado en la fábrica. La conflictividad, las quejas, el absentismo, todo se había reducido respecto a ese ya lejano mes de septiembre. Eran, todos ellos, motivos más que suficientes de celebración y nos habíamos propuesto hacer algo especial en la sesión de julio.

Ya en el inicio habíamos decidido no hacer sesión en agosto por hallarse de vacaciones una gran parte del grupo de encargados, así que hacer algo especial en julio parecía una buena manera de generar las ganas de volver a reunirnos en septiembre.

Javier, Miguel y David conocían las actividades *outdoor* que había realizado para el equipo de ventas y la decisión fue rápida: la sesión de julio sería una actividad al aire libre. Así que en esta ocasión aprovecharíamos el habitual ensayo de la reunión mensual con los encargados para decidir qué actividad llevaríamos a cabo.

—Buenos días a todos. ¿Cuál será la sorpresa, Carlos? —Javier era el último en llegar y éstas fueron sus palabras según entraba en la sala de reuniones.

—No he pensado en nada concreto —respondí—. Pero sí que creo que debería ser algo relacionado con el mar o la pesca. Creo que nos serviría para consolidar los valores y competencias propios del proyecto.

—¿Te refieres a una actividad de esas de construir balsas, cruzar puentes y escalar montañas? —preguntó Miguel.

—Construir balsas y hacer un recorrido en un lago, en un pantano o en el mar podría ser una opción. Cuanto más se parezca a salir al mar, al oficio de pescador, mejor. Pero esa sería la excusa formal, lo importante es lo que hagamos y cómo lo hagamos.

—¿A qué te refieres? —me preguntó David.

—La imagen de la barca surcando el mar nos ha acompañado. Esa imagen nos transmite la planificación, el trabajo duro y la preparación como claves de la supervivencia, así como el esfuerzo constante y diario de un grupo de personas por seguir adelante. Un trabajo duro que puede provocar momentos de sensaciones positivas, como la felicidad y orgullo por el trabajo bien hecho. Y un trabajo duro que sirve para proporcionar bienestar a terceros. Todo eso debería contenerlo la actividad que acabemos escogiendo. Y debe ser además una actividad de celebración.

—¿De pasarlo bien, te refieres? —quiso saber Javier.

—No exactamente. No me refiero a una actividad pensada para reír. Cuando hablo de celebración me refiero a crear una ceremonia en la que podamos celebrar el hecho de estar juntos, de conseguir cosas entre todos y de conseguirlas siguiendo las pautas de los valores y competencias que nos hemos marcado como manera correcta de trabajar. Ya sabéis: confianza, paciencia, humildad, colaboración, tratarnos como profesionales. Parece fácil de decir pero es difícil de llevar a la práctica. En especial porque esos valores y competencias llevan asociados unas creencias que deben sustituir a las creencias de toda la vida, las que nos habían llevado hasta el punto en el que estábamos.

»Cambiar las creencias es difícil porque están en nuestro interior. Es lo que nos decimos a nosotros mismos para justificar el porqué hacemos lo que hacemos y el cómo lo hacemos. Y para generar ese cambio hay conductas que debemos cambiar. Si cambiamos las conductas, podremos cambiar las creencias y si éstas cambian podremos afianzar los nuevos valores y competencias. Pero estas conductas sólo cambiarán si cambiamos las creencias que las mantienen. No quiero decir que debamos cambiar primero las creencias, lo que la gente piensa. Eso sería hurgar en las mentes de las personas, y es un trabajo que nos sobrepasa. No somos psicoterapeutas.

»Debemos conseguir que se hagan las cosas de una manera diferente, es cierto. Y aún hay una dificultad añadida: no podemos generar ese cambio por imposición. La imposición no genera cambio, sólo puede generar obediencia o desobediencia. Si la conducta cambia por imposición de la autoridad, el pensamiento no cambia. Y el cambio de conducta no será real. Y el coste de mantener artificialmente esa nueva conducta es un gasto enorme en control, supervisión y en premios por mantenerla y castigos por no mantenerla.

»Pero si la conducta cambia a causa de hacer cosas diferentes, de probar cosas diferentes, de establecer pautas de relación diferentes, entonces la manera de entender el porqué todo sucede de una determinada manera, que sostenía la conducta antigua, debe cambiar. Es un proceso más lento pero es un proceso de sentido único.»

—Y, según tú, ¿qué creencias crees que sostienen las conductas negativas que debemos cambiar? —preguntó Miguel.

—Hay muchas. Citaré solo algunas:

»A mí me pagan por trabajar y al jefe para pensar. Yo hago lo que me dicen y así me ahorro problemas. Total, si se te ocurre una idea y funciona, nadie te lo va a agradecer. Y si no funciona, es peor, se te echarán encima.

»Aquí mucho decir que todos somos iguales pero en realidad "algunos son más iguales que otros".»

»"La gente no responde si no hay presión. Y si yo no estoy aquí con mi experiencia, mi conocimiento y mi control aquí no se hace nada."

»"La gente no necesita más información de la imprescindible para su puesto. Lo que tienen que hacer es trabajar y callar, que para eso cobran."

»Algunas de estas creencias son auténticos círculos viciosos. Si creo que la gente no trabaja, que no rinde sin presión, siempre presionaré. Aplicaré una «presión preventiva», si se me permite el juego de palabras. Y como siempre presiono, nunca sabré si la confianza, la delegación, el apoyo y la ausencia de presión hubieran generado los mismos resultados, mejores o peores.

»Durante este año hemos trabajado para darle la vuelta a esta cultura, creando un espacio donde poder compartir libremente conocimiento y experiencia como iguales, un espacio donde poder tomar decisiones y que esas decisiones se apliquen a la vuelta a fábrica.

»No hemos desaprovechado ni una sola oportunidad para transmitir la idea de que somos un conjunto de personas que nos necesitamos mutuamente para que la fábrica siga avanzando en su camino a la excelencia. Necesitamos el conocimiento y la experiencia de todos para avanzar. Todos somos igualmente necesarios.

»Y como apoyo a este proceso debemos crear un nuevo sistema de apoyo a ese cambio. Y aquí entra en juego el cambio retributivo de las primas que ya introdujimos, pero también el cambio de rituales. Se trata de cambiar una cultura de individualismo y miedo al error por una que celebre el hecho de conseguir cosas juntos y que premie probar cosas nuevas, aunque no siempre funcionen. Y ese proceso, ese camino, debe hacerse en un clima de confianza.»

—¡Y de fraternidad, Carlos! —exclamó David—. Lo digo

porque has hablado de libertad y de igualdad. Y te faltaba hablar de la fraternidad para completar el lema de la Revolución Francesa.

El comentario de David arrancó las risas de Javier y David, y también la mía.

—«Libertad, Igualdad y Fraternidad.» Buen lema. Lástima que no se me haya ocurrido a mí antes.

Libertad, Igualdad, Fraternidad

Libres para opinar, para compartir conocimiento como iguales. Libres e iguales para tomar decisiones y apoyarse fraternal y solidariamente para que su puesta en práctica funcione.

Premio y castigo

Los premios y los castigos pueden conseguir cambios en las conductas. No obstante no cambiarán la razón de ser de las conductas antiguas. Por tanto, las nuevas conductas sólo se mantendrán si mantenemos el premio y el castigo. Sólo cambiando el porqué de esas conductas, el sistema de creencias que las sustenta, podremos crear un cambio de conducta duradero.

21

Mayo. La hija de David

La vida sucede mientras haces planes.

«Beautiful Boy», JOHN LENNON

Hacía meses que hablábamos de la posibilidad de que los encargados asumieran un papel realmente protagonista en las sesiones, que algún día las dirigieran ellos. Siempre lo habíamos planteado como algo que a medio o largo plazo deberíamos hacer; pero siempre lo habíamos visto como lejano.

El día anterior a la sesión de mayo recibí la llamada de David. Eran poco más de las 7:30 de la mañana. Su hija estaba hospitalizada a causa de un pequeño accidente doméstico. Afortunadamente sin mayores consecuencias, nada grave, pero estaría 24 horas más en observación.

—¿Qué hacemos, Carlos?, ¿aplazamos la reunión? —preguntó.

—Ante todo, ni se te ocurra venir. Si hay un lugar donde hoy eres imprescindible es junto a tu hija. En la fábrica pueden sobrevivir sin ti. Y en las reuniones también, así que ni vendrás ni la aplazaremos. La haremos mañana sin ti.

—¿Y qué vais a hacer?

—¿Crees preparados a Luis y José para asumir tu papel en la reunión?

—¿Te refieres a explicar datos de fábrica y dirigir la solución de problemas?

—Sí, a eso me refiero. Yo podría preparar material con el que les sea más fácil explicar los datos y puedo darles cuatro reglas básicas con las que introducir el debate y moderarlo. Y, obviamente, ni Miguel, ni Javier ni yo vamos a dejarles solos.

—Sí, creo que puede funcionar.

—De todas maneras, ya llamo yo a Javier y Miguel y les explico la situación.

—No hace falta, Carlos. Antes de llamarte ya he hablado con Javier. Y también me ha dicho que no viniera.

—Ya me lo imagino, pero no me refería a eso. Me refería a explicarle que adelantamos la hora de inicio de la reunión de esta tarde para preparar la sesión de mañana y que va a ocuparnos más tiempo de lo habitual.

—Comprendo —fue su respuesta.

—Tú, en cambio, llama a José y a Luis, les explicas tu situación y les dices que hemos decidido no aplazar la reunión porque los sabemos preparados para dirigirla y que tú personalmente confías en que sabrán hacerlo. Porque tú confías en ellos, ¿verdad?

—Creo que serían capaces de dirigir la fábrica, tanto juntos como incluso por separado. De hecho, cuando yo me marcho de vacaciones la fábrica queda a su cargo. Pero una reunión es diferente…

—Dirigir una reunión no es fácil, David. Pero dirigir una fábrica debe ser mucho más difícil.

—Cierto. Los llamo ahora.

No tenga miedo de asumir nuevas etapas y retos

A veces un contratiempo nos abre nuevas puertas. El grupo debe avanzar, debe ir consumiendo etapas y abriendo otras nuevas. Si no hay cambio, si no hay movimiento, el grupo experimentará sensaciones de «fin de ciclo» y de «*déjà vu*» y habrá un retroceso.

Cuente con su gente no sólo para hacer el trabajo duro, sino también durante el diseño de los nuevos escenarios a los que quiere ir.

22

Mayo. De hormigas y hombres

Si crees que puedes o si crees que no puedes,
estás en lo cierto.

HENRY FORD

Creo firmemente en el poder de la mente.
La mente lo es todo. Si crees en algo, lo sientes,
lo visualizas y lo acabas consiguiendo.

SEVERIANO BALLESTEROS,
golfista, ganador del Bristish Open en 1979, 1984
y 1988 y del Master de Augusta en 1980 y 1983.

Era poco antes de las 15:30 cuando llegué a la fábrica. Antes había llamado a Javier y a Miguel según lo acordado y David había hecho lo mismo con Luis y José para comentarles la situación. Luis había aceptado con un escueto «de acuerdo» y José con un silencio que sólo rompió, al explicarle David el accidente de la niña, diciendo «la familia es lo primero».

Cuando entré en la sala, Miguel ya estaba allí comprobando que no faltara nada. La recepcionista debió avisar de mi llegada a Javier porque éste no tardó en reunirse con nosotros. Luis y José llegaron juntos poco después. Y mis primeras palabras fueron para ellos, como no podía ser de otra manera.

—Antes de cualquier otra consideración quiero agradeceros a ambos estar hoy aquí. No es fácil sustituir a un compañero así, sin previo aviso, lo sé. Yo, personalmente, os agradezco el esfuerzo y sé que Javier y Miguel también.

»Lo que ahora tenemos previsto hacer es como una especie de ensayo general de la función antes del estreno, como en el teatro. Repasaremos todos los puntos que vamos a tratar en la reunión para que mañana todo vaya perfecto y que nada falle.»

—¿Puedo hablar? —preguntó José.

—Sí, por supuesto. Para eso estamos aquí —respondí.

—Yo no le veo la utilidad a lo que estamos haciendo. No he querido decir nada en las otras sesiones para no parecer un saboteador, un aguafiestas, pero no creo que lo que estamos haciendo sirva para gran cosa. Y ahora que estamos a solas y puedo hablar, quería decíroslo.

—Me sorprende que digas eso, José —respondí—. Los resultados parecen haber mejorado en estos meses y todos comentáis que el ambiente en fábrica también.

Su respuesta fue rápida. Había previsto mi argumentación y había preparado su réplica.

—Los resultados han mejorado porque también han llegado inversiones; y cuando los números mejoran, los nervios y los gritos bajan y por eso el ambiente mejora. Pero no te engañes, Carlos. Podíamos haberlo conseguido sólo con las inversiones. Y si hubieran llegado antes, pues lo hubiéramos conseguido antes.

—Me parece un comentario desafortunado —dijo Javier—. En mayor o menor medida siempre ha habido inversiones. Y los números hace tiempo que no estaban como debían.

—Yo sí creo que han cambiado cosas —intervine—. Aquí tenemos a un encargado discutiendo de tú a tú con un máximo responsable de la empresa, exponiéndole su punto de vista crítico. Y discutiendo de tú a tú con un jefe de Producción acerca de cómo mejorar los procesos. Y discutiendo de tú a tú con un jefe de Recursos Humanos acerca de cómo gestionar personas. Y eso no era así cuando comenzamos con estas sesiones, eso era algo inimaginable.

»Yo no voy a discutir cuál es el histórico de las inversiones ni cuál es el nivel crítico anual recomendable de las mismas para que una fábrica mejore o no. Ni voy a negarte, José, que estos mismos números podrían haberse conseguido sólo con inversiones en tecnología. Pero sí que me gustaría explicaros —dije dirigiéndome a José y a Luis— la razón de ser de este proyecto. ¿Sabéis cómo funciona un hormiguero?

José y Luis me miraron con cara de extrañeza mientras buscaban con sus miradas las de Miguel y Javier, antes de responderme.

—No —respondieron.

—Lo que sucede bajo tierra en un hormiguero es todo un universo en miniatura. Es una sociedad plenamente organizada y muy compleja. Un hormiguero es una realidad casi perfecta, que no podría funcionar si todas y cada una de las hormigas no hicieran a la perfección aquello que tienen que hacer, porque son interdependientes.

—¿Interdependientes?

—Sí, se necesitan las unas a las otras para conseguir un objetivo común, pero también para realizar las tareas que cada una debe cumplir para conseguir ese objetivo. Eso quiere decir «interdependiente». Exactamente como nosotros en la fábrica.

»Y hay más cosas que podemos aprender de un hormiguero. ¿Por qué creéis que las hormigas hacen lo que hacen? Las hormigas hacen todas y cada una de las cosas que hacen para tener la despensa llena, para comer cada día, pero también para el invierno. ¿Os imagináis un objetivo más importante, retador y crítico que éste? Y es, además, un objetivo compartido. Ese objetivo no sólo da sentido a lo que hacen, sino que las une. Si todas y cada una de las hormigas tienen claro que ese es el objetivo de cada una de las acciones que llevan a cabo, entonces el hormiguero, como ente superior a la simple suma de hormigas, puede salir adelante.»

—La interdependencia, claro —intervino Luis.

—Sí. Y toda la organización de un hormiguero está pensada en función de esa interdependencia. Desde los roles de cada una de ellos, pasando por las tareas, e incluso los mecanismos de información de que disponen acerca del nivel de la despensa y de los lugares cercanos al hormiguero donde proveerse de las mismas.

—Interdependencia, objetivo, roles, comunicación —repitió Miguel.

—Sí —proseguí—, y para ello todas las hormigas hacen lo que saben y deben hacer. Probablemente ninguna de ellas sea excelente haciendo lo que hace, pero la cooperación, la comunicación, la complementariedad de roles y tareas y la organización perfecta de todo ello hacen que el hormiguero como organización sea excelente.

—Gracias por la clase de Biología —añadió José en tono irónico—. Ahora ya sé cómo funciona un hormiguero. Pero no veo la relación de eso con nuestras reuniones y, por tanto, sigo sin ver la necesidad de las mismas.

—Por mi trabajo conozco bastantes organizaciones. Muchas son como un átomo y pocas como un hormiguero. En un átomo hay pequeñas partículas moviéndose a gran velocidad, intentando no chocar entre ellas. Son los electrones. Parece que trabajan mucho pero, en realidad, tan sólo están preocupadas por describir su propia órbita. Si les preguntáramos a los electrones acerca del átomo quizá dirían algo así como: «¿Átomo? No sé. Yo sólo hago mi trabajo. Y ahora disculpe, no me entretenga, que tengo que seguir orbitando».

»Imagínate un hormiguero en el que cada hormiga trabajara preocupándose únicamente de sobrevivir ella sola, de cumplir estrictamente su trabajo, de pensar en términos individuales. Y si faltase algo en la despensa podríamos oírlas excusarse de que eso no es culpa suya, incluso echándole las culpas a otras hormigas.

—Me lo imagino, sería un desastre, pero sigo sin ver qué relación tiene todo esto con las reuniones —insistió José en tono algo irritado.

—La tendencia natural en las organizaciones es el individualismo, incluso normalmente nos pagan por hacer tareas individuales y cumplir con unos objetivos que suelen ser también individuales. Y el único modo que tenemos de funcionar todos juntos es creando espacios donde podamos aprender los hábitos propios de las organizaciones que funcionan. El espacio de reunión pretende ser eso, un lugar donde aprender a trabajar juntos por encima de individualidades. Un lugar donde, como las hormigas, podamos aprender que tenemos un objetivo común importante, donde podamos ver que nuestras tareas y roles son interdependientes, donde aprender a comunicarnos, donde aprender a organizarnos de otra manera, donde aprender los unos de los otros...

—¡Vamos, que las reuniones son una escuela de aprendices! —dijo Luis.

—De aprendices de trabajadores de equipo. En realidad, la mejora de vuestros resultados se produce fuera de la reunión, no durante la misma. Dentro de la reunión tan sólo aprendemos cómo debemos trabajar cuando volvemos a la fábrica.

—Bueno, y también se nos ocurren algunas ideas —añadió José en tono conciliador.

—En efecto. Y ahora, ¿os parece que nos pongamos con el ensayo?

El resto del día transcurrió sin mayores incidencias. Ayudamos a José a preparar la explicación de la evolución de las cifras durante el tiempo transcurrido desde la última sesión y a Luis a presentar el principal problema que debían abordar a la vuelta a la fábrica. Les di a ambos algunos consejos para hacerles sentir más seguros en su primera exposición en público y creé con ellos algunas transparencias que pudieran serles de ayuda. Después nos despedimos. Por la mañana nos esperaba una sesión algo diferente, y estábamos preparados.

Creencias y resistencia al cambio

¿Cree que puede o, por el contrario, cree que es imposible? Pregúntese cuáles son las consecuencias de no cambiar, cuáles las posibles consecuencias positivas del cambio, y cómo cambiar. Las mayores barreras al cambio las ponemos nosotros y no nuestra gente.

Minimice la resistencia al cambio de su gente informando abiertamente acerca del porqué del cambio, de las etapas y pasos y de las consecuencias que va a tener para ellos en la práctica.

Personas y sistemas

Las organizaciones son sistemas abiertos y compuestos por personas interdependientes. El problema es que a menudo lo olvidamos y actuamos como si no lo fuéramos. Las reuniones son un espacio donde aprender a vivir la interdependencia, donde podemos experimentarla en un entorno controlado.

Gestión del conflicto

Aprenda a gestionar abiertamente los conflictos. Atraiga a los rebeldes, a los insatisfechos, a los escépticos, a los líderes negativos, impida las luchas de poder y centre al grupo en la tarea.

23

Mayo. Novena sesión.
Si podemos, debemos

«No lo intentes. Hazlo o no lo hagas;
pero no lo intentes.»

Yoda a Luke Skywalker en
El imperio contrataca; dirigida por IRVIN KERSHNER

Quedaba algo más de media hora para iniciar la sesión y yo ya estaba en la sala. Siempre he necesitado llegar con mucha antelación antes de un curso o de liderar un grupo de trabajo. Es verdad que compruebo que no falte nada y que todo funcione, pero no es sólo eso. Podría decir que soy un animal de costumbres y alguno podría pensar que tiene algún fundamento supersticioso. Sencillamente, estar solo antes de que llegue el resto de participantes me ayuda a sentirme más relajado. Así que me encontraba allí preparado para conectar mi portátil y dar un último repaso a mis transparencias cuando apareció José en la sala, quien deseaba hablar conmigo.

—He pensado un par de cosas que podríamos probar en fábrica, pero no sé si proponerlas hoy o no. Y quería comentártelo.

—Ya sabes que las ideas son siempre bienvenidas, José.

—Las nuevas inversiones han ayudado, pero el periodo de ajuste de las mismas está siendo demasiado largo. Seguro que con el método de ensayo y error que estamos aplicando acabaremos ajustándolas a la perfección pero creo que podemos acortar ese periodo. Y tú siempre dices que «si podemos, debemos».

—Sí, cierto. Y según tú ¿qué podemos y debemos hacer?

—En la fábrica de Hungría ya disponen de esa tecnología hace un par de años. Lo sé porque tuve un par de húngaros aquí hace tiempo aprendiendo acerca del proceso y de vez en cuando nos llamamos para echarnos una mano mutuamente. Seguro que tuvieron estos mismos problemas entonces y que ya los han superado. —Y tras un breve silencio añadió—: ¿Crees, Carlos, que si pedimos crear un grupo que se desplace para ver cómo lo han hecho allí, Javier y David lo aprobarían?

Siempre había pesado como una losa el que aquellas fábricas hubieran conseguido ponerse en marcha gracias al conocimiento generado en «la fábrica». Y el sentimiento compartido por todos era que el éxito de aquellas había supuesto el inicio de la desatención de ésta. A mi juicio era algo más que celos entre hermanos, algo más que ese complejo del «príncipe destronado», el del hijo único que pierde la exclusiva de la atención de los padres al nacer un hermano menor. En este caso habían sido dos hermanos menores y además, gemelos. Ahora tenían la oportunidad de sentir que aquellas fábricas podían devolverles algo de la ayuda que ellos les habían dado. Y quizás así empezaría a cicatrizar la herida.

—No sólo lo creo, José. Lo sé. Estoy absolutamente seguro. La inversión no es elevada y el beneficio derivado del conocimiento que adquiráis allí puede ser alto.

—Pero sería un grupo de seis encargados, incluyéndome a mí, durante varios días.

—Seis encargados desplazados durante varios días aprendiendo a resolver un problema importante. No veo ningún inconveniente. Pero no lo miremos desde el punto de vista del calendario. Veámoslo desde el punto de vista de la marcha de la fábrica. La alternativa a no viajar, ¿cuál es? Un par de meses más hasta dar con la manera de resolver el problema, eso sí, con todos los encargados cumpliendo su horario. Dos meses de jornadas ineficientemente completas o completamente ineficientes, pero completas al fin y al cabo. Para mí está claro, no hay margen de duda ninguno, Debéis iros. Y si lo propones así en la sesión todos lo entenderán.

—Hay un par de problemas que también podrían resolverse yendo a la fábrica de Túnez.

—¿También tienes informadores en Túnez? —dije en tono de broma.

—Bueno, ya me conoces. Soy una persona muy sociable —respondió en idéntico tono.

—Me parece bien, mi única objeción es que debéis prever que ambos viajes no coincidan en el tiempo. No tanto por la cantidad de gente que se va, como porque a la vuelta no coincidáis ambos grupos experimentando todos los cambios al mismo tiempo, además del resto de acciones de mejora en curso.

—Bien, lo plantearé así. A ver cómo responde el grupo.

—¿Alguna cosa más que te preocupe o que quieras decirme, José?

—Sí, pero ya la comentaré en la sesión.
—Perfecto.

Mientras José tomaba asiento cerca del proyector y del rotafolio, y no en un rincón de la sala como había sido su costumbre en las sesiones anteriores, pensaba en ese grupo reducido de personas juntas atravesando parte del continente europeo, en un caso, y el mar Mediterráneo, en el otro, a la búsqueda del conocimiento. Y mi mente, infatigable, volvía a establecer conexiones. Me vino al pensamiento una película que había visto hacía unas semanas en televisión, una parte en blanco y negro y otra parte en color. Una historia acerca de una niña, un espantapájaros, un león cobarde y un hombre de hojalata a la búsqueda de algo que no tenían. O eso, al menos era lo que ellos creían.

No intente cosas, hágalas o no las haga

Muéstrese siempre abierto a la posibilidad de incorporar conocimiento y buenas prácticas ya sea de dentro de la propia empresa o del exterior.

No obstante, sea precavido con toda aquella propuesta que pretenda acortar el tiempo para adquirir un conocimiento. Todo lo que sea forzar el ritmo de aprendizaje es contraproducente.

24

Mayo. Luis y José dirigen la sesión

Son muy bellas ustedes, pero están vacías y nadie daría la vida por ustedes. Cualquiera que las vea podría creer indudablemente que mi rosa es igual que cualquiera de ustedes. Pero ella se sabe más importante que todas porque yo la he regado, porque ha sido ella a la que abrigué con el fanal, porque yo le maté los gusanos y es a ella a la que he oído quejarse y algunas veces hasta callarse. Porque, en fin, es mi rosa.

El Principito, ANTOINE DE SAINT-EXUPÉRY

Pocos minutos después empezó la sesión. Los apartados habituales en que se dividían las sesiones transcurrieron según lo previsto: información de fábrica, sesión de formación acerca de cómo dar *feedback* y la pausa para el café.

¡Cuánto había cambiado el grupo desde aquella primera sesión en el ya lejano mes de septiembre! Precisamente en el momento de la pausa es donde más podía apreciarse. Ahora se les veía discutir ruidosa y animadamente, compartir anécdotas personales y hablar de tú a tú sobre temas de la fábrica entre ellos y también con nosotros.

Y llegó el momento esperado. José y Luis tomaron la palabra. Ellos habían decidido repartirse esta última parte de la reunión. José guiaría el repaso de las acciones de mejora propuestas en la última reunión y Luis introduciría nuevos problemas para su discusión. Así pues, José enumeró las acciones surgidas de la sesión anterior y dio paso a cada uno de los encargados que se habían responsabilizado de probarlas. No olvidó el posterior reconocimiento público a cada uno de ellos por el esfuerzo hecho, independientemente de los resultados. Ni tampoco olvidó hacer mención a los operarios que habían colaborado en aquellas pruebas.

Llegó el turno de Luis. Había dos nuevos modelos que no estábamos produciendo en las cantidades que el mercado nos solicitaba. Nos comentó que tanto en su opinión como en la de José éste era el problema más grave al que se enfrentaba la fábrica.

—Debemos admitir —dijo Luis— que no estamos sirviendo los nuevos modelos en la forma y cantidad que nos demanda el mercado. Y son precisamente los modelos por los que hemos recibido la inversión que nos anunció Javier en la sesión de diciembre ¿Qué creéis que podemos hacer?

Durante la siguiente hora surgieron más de una docena de ideas. Entre ellas la propuesta de José de desplazarse a las otras fábricas para aprender. «Un viaje de estudios» fueron sus palabras. Todas ellas se discutieron ampliamente y algo más de la mitad acabaron siendo aprobadas por el grupo para su puesta en práctica. Entre ellas los «viajes de estudios» a Túnez y Hungría. Pero hubo un momento que destacó por encima de otros. Uno de los encargados más veteranos, Andrés, alzó la mano y dirigiéndose a mí dijo:

—Sabe, Carlos, todo lo que sabemos ya lo hemos propuesto, ya lo hemos probado y algunas cosas funcionan y otras no. Esto ya no va a dar mucho más de sí.

Y tenía razón. Hasta entonces no había reflexionado acerca de lo lejos que podíamos llegar por este camino, pero sentía que su reflexión era cierta. Si alguien me hubiera dicho al principio del proyecto que en nueve meses tendría la sensación de haber tocado techo, sencillamente no le habría creído. Pero lo cierto es que ahora yo también tenía la sensación de que, si seguíamos haciendo lo mismo, íbamos a avanzar poco o muy lentamente o ambas cosas a la vez. Y le hubiera dicho a Andrés que estaba en lo cierto sin saber qué más añadir si él no hubiera seguido hablando.

—A no ser que nosotros hagamos con nuestra gente lo mismo que ustedes han hecho con nosotros durante estos meses.

Era cierto. Si continuábamos haciendo lo mismo que hasta ahora no podríamos avanzar mucho más. Pero emprendiendo algo diferente sí podíamos. Debíamos ampliar nuestra área de influencia. Había llegado el momento de involucrar a los operarios.

—Yo no sé dirigir una reunión, pero pueden enseñarme.

—Me parece una excelente idea —dije—. Y creo que es el camino natural que nuestras reuniones deben tomar. Estaré encantado de ayudarte en las sesiones con tu gente.

Me incorporé entonces y continué hablando dirigiéndome al resto de encargados.

—Si los demás compartís la inquietud e interés de vuestro compañero, podemos formalizarlo creando un curso. Y también estaré presente en las primeras reuniones que tengáis con vuestro equipo para echaros una mano.

A continuación, marcamos un calendario para esa formación. Las primeras reuniones de los encargados con su equipo podrían comenzar antes del primer turno de vacaciones de verano. Y con la media docena de acciones, el calendario de formación y el acuerdo para la organización de los viajes de estudios dimos por acabada la sesión.

Mientras los encargados abandonaban la sala, Javier me señaló discretamente a Miguel y me indicó que hablara con él. Sin duda debía presentarle el presupuesto de las acciones formativas y de las de apoyo a las reuniones.

Es cómo gestiona usted a su gente, el «cómo-los-cuida» lo que los hace diferentes

Dé oportunidades de aprendizaje y de compartir conocimientos a todo el mundo.

Felicite por los resultados. Felicite por el esfuerzo. Felicite por hacer lo correcto. Felicite por las propuestas e ideas. Dé lecturas positivas de los hechos, acciones y logros de su gente siempre que sea posible.

No se detenga, avance. Busque siempre nuevos socios y aliados para implicar al máximo de personas posible.

25

Julio. Undécima sesión. De pesca

Quedóse allí en la arena y empezó a preguntarse si habría una gaviota allá abajo que estuviese esforzándose por romper sus limitaciones, por entender el significado del vuelo; más allá de una manera de trasladarse para conseguir algunas migajas caídas de un bote. (…)

Porque, a pesar de su pasado solitario, Juan Gaviota había nacido para ser instructor, y su manera de demostrar el amor era compartir algo de la verdad que había visto con alguna gaviota que estuviese pidiendo sólo una oportunidad de ver la verdad por sí misma.

Juan Salvador Gaviota, RICHARD BACH

Primer miércoles de julio. En condiciones normales hubiéramos tenido nuestra sesión de trabajo a las 8:30 en la sala habitual. Estábamos en julio, sí, y haríamos una sesión distinta. Una sesión al aire libre en la que poder disfrutar de un día diferente, juntos, viviendo los valores y competencias del proyecto. También la hora era diferente.

Eran las 3 de la mañana. Perdón, las 3 de la madrugada. Y

Julio. Undécima sesión. De pesca

había aparcado mi coche al final del paseo marítimo, el lugar donde habíamos quedado con los encargados. Aquella era la hora prevista para que el autocar saliera de la fábrica con todos los encargados y con Javier, David y Miguel. Mi móvil sonó. Era un mensaje de Miguel: «Salimos. 20 minutos». Llevábamos casi un año trabajando juntos, debíamos celebrarlo. Y los números eran lo suficientemente buenos como para celebrarlos también. Además los valores y competencias que habían inspirado el proyecto parecían haberse consolidado durante todo este tiempo. Podíamos aprovechar la celebración para acabar de consolidarlos, viviéndolos.

La imagen de la barca KERIN surcando un mar enfurecido nos había acompañado durante todo este tiempo como una imagen poderosa de cómo debíamos y queríamos trabajar. Era la idea de todos juntos en una barca en mitad de un mar difícil, trabajando unidos para superar las adversidades, hacer nuestro trabajo y volver a puerto. Sin improvisaciones. En un mar enfurecido no hacer lo correcto se paga caro. Y era la idea de salir día tras día a la mar con los recursos de que disponíamos.

Sin embargo, aquel día el mar y el pescador no iban a ser sólo una metáfora, nos haríamos a la mar. Íbamos a vivir ambos en toda su intensidad. Partiríamos en varias barcas, no como pasajeros sino como auténticos pescadores. Aunque sería más correcto decir como aprendices de pescador. Por un día íbamos a vivir el oficio en toda su dureza y en toda su belleza.

Mientras pensaba en todo ello me acerqué a la zona de amarre para dejar un paquete en el local de subastas. Una pequeña sorpresa que queríamos entregar al grupo al acabar la jornada. Después me presenté a los patronos de las barcas. Conocían por Miguel la actividad que íbamos a realizar. Fue él quien se puso en contacto con ellos y quien pactó las condiciones. Me informaron de que todo estaba preparado y de que en cuanto llegásemos harían una pequeña explicación común a todos acerca de qué debía hacerse y qué no debía hacerse nunca en el mar, dejando las explicaciones más técnicas para los respectivos patronos.

Nos despedimos con un apretón de manos y volví caminando al lugar de encuentro sin apartar la vista del mar y de las barcas. Eran las 3:15 cuando recibí un segundo mensaje: «5 minutos».

Estaban cerca. Debía darme prisa en llegar al punto de encuentro.

Cree oportunidades para descubrir, sentir y «ver la verdad».

La metáfora que sirve de base al proyecto transmite de forma silenciosa y constante los valores y competencias que usted quiere para su gente.

Cree momentos para comunicar dichos valores, momentos que permitan vivirlos en toda su intensidad y celebrar la metáfora.

26

El largo camino
de baldosas amarillas

DOROTHY. ¿Queréis ayudarme?, ¿podéis ayudarme?
BRUJA DEL NORTE. No necesitas a nadie. Siempre has
tenido el poder de volver a Kansas.
DOROTHY. ¿No oís?
ESPANTAPÁJAROS. ¿Y por qué no se lo habéis dicho
antes?
BRUJA DEL NORTE. Porque no me habríais creído. Te-
nía que aprenderlo por sí misma.

El Mago de Oz,
dirigida por VICTOR FLEMING, 1939

La jornada de trabajo fue dura, pero con algunos momentos
impagables, como ver amanecer en el mar y subir las redes
llenas. El trabajo parecía no acabarse nunca, siempre hay
algo que hacer en una barca de pesca. Quizá fuera la actividad constante la que logró que tan solo un par de encargados
se marearan ligeramente. Finalmente, después de varias horas, cuando normalmente hubiéramos desayunado, comi-
mos. Y ese almuerzo contenía parte del fruto de nuestro trabajo: pescado.

Allí en nuestras barcas, comiendo juntos, rodeados de auténticos pescadores, con la sensación de haber vivido un día único, acabó nuestra jornada en el mar. Volvíamos a puerto.

Pero Miguel y yo habíamos preparado un par de sorpresas más antes de acabar el día. Miguel había reservado un pequeño espacio dentro del local donde se realizaba casi cada tarde la subasta de pescado. Allí tomaríamos juntos una última bebida caliente antes de volver al autocar.

Cuando ya todos estaban dentro, pedí la palabra.

—Nos gustaría entregaros un pequeño regalo. Es una película que muchos de vosotros seguro que ya habréis visto en televisión. Son unos personajes un tanto especiales que se ven envueltos en un viaje, no menos extraño, a la búsqueda de algo. Quizás os parezca que sólo es una película antigua. Y, además, una película de niños. Tenéis razón. En parte, al menos. Pero os pido que la miréis con ojos críticos y que busquéis en vuestro interior. Al hacerlo, intentad pensar en cómo ha sido este año de trabajo y veréis que también vosotros erais al principio un grupo de personas que recorríais un camino juntos a la búsqueda del conocimiento, un conocimiento que os hiciera más sabios. Pero también a la búsqueda de unas emociones positivas que habíais experimentado en otro tiempo y que queríais recuperar. Además ha sido un camino a la búsqueda del valor, del coraje de tomar decisiones, de hacer lo correcto. Un coraje que sólo puede ser sabio si se une con el conocimiento y las emociones.

»A los personajes de la película les aguardaba una sorpresa al final del camino. La misma sorpresa que os aguardaba a vosotros. Lo que os esperaba al final del camino no era una fórmula mágica. La sorpresa era que el conocimiento, las emociones, el coraje y el camino de vuelta a casa siempre han estado con vosotros, en vosotros. Al igual que ellos, habéis superado muchas pruebas a lo largo del viaje que nunca hubierais superado de no haber tenido este capital con vosotros. Y ese talento, esos valores, ese coraje, ese compromiso siempre os acompañarán. Porque siempre han sido vuestros.»

Levanté mi taza de café humeante y añadí:

—Señores, felicidades por todo lo que hemos hecho y felicidades por todo lo que aún nos queda por hacer.

Y todos brindamos por nuestro más reciente pasado, por haber vivido un día diferente y por el camino que seguiríamos recorriendo juntos. Y después se marcharon, acompañados del Hombre de Hojalata, del Espantapájaros, del León Cobarde y de Dorothy, por su particular camino de baldosas amarillas.

Acompañe a su gente en el proceso de cambio; en el largo camino hacia el compromiso.

Comunique a su gente constantemente que tienen todo el talento necesario para salir adelante y trabaje con ellos los aspectos emocionales y relacionales para crear relaciones interpersonales sanas y eficaces

Comunique a su gente que no van a estar solos en este viaje, que ustedes estarán siempre a su lado para apoyarles.

27

Septiembre. Duodécima sesión. Nuevos objetivos

«Resolver la diferencia entre lo que hacemos y lo que somos capaces de hacer resolvería la mayoría de los problemas del mundo.»

MAHATMA GANDHI

La empresa había cambiado en estos meses. El ánimo de la gente, sus ganas de participar, la colaboración entre ellos para apoyarse en la resolución de los problemas. Incluso éstos habían pasado de ser problemas de cada uno a ser de la fábrica, es decir, problemas de todos.

Por otra parte, la gama de productos se había ampliado, los nuevos estaban funcionando tanto en la demanda de mercado como en los resultados de fábrica. Y esa era una gran diferencia.

Acabábamos de cumplir un año y habíamos alcanzado los objetivos previstos para el final del segundo año. Además, prácticamente todos los que empezamos esta aventura seguíamos estando ese día en esta sala.

¿Los resultados podían descender hasta los niveles anteriores? Los comentarios de los encargados en conversaciones informales apuntaban a que no. Y yo compartía esa opinión. La mejora de resultados había sido algo continuo y gradual, con alguna bajada en los primeros meses y un par de saltos positivos que coincidían con el efecto euforia provocado por el anuncio de las inversiones y las mejoras recientes derivadas de los «viajes de estudios» a las fábricas húngara y tunecina.

Y si las cifras de producción eran tan superiores a las previstas, entonces era tan sólo cuestión de tiempo que alguien pensara en subir los objetivos. Mi única incógnita era ¿quién pondría voz a la petición? Todo parecía indicar que Javier o David no tardarían en proponer que evaluáramos la posibilidad de subir los objetivos, a pesar de que ya habíamos discutido este punto al inicio del proyecto y había quedado clara la conveniencia de no tocarlos. La sorpresa se produjo durante la segunda parte de la sesión de septiembre.

Luis formuló abiertamente que habíamos resuelto gran parte de los problemas que nos habían llevado a iniciar este proyecto y que aún había un margen de mejora en problemas más pequeños. Aunque, si se miraban todos esos pequeños problemas en conjunto, presentaban grandes oportunidades de mejora. José añadió que la resolución de esos problemas menores siempre había quedado aplazada para tiempos mejores. Y, en su opinión, esos días mejores ya habían llegado. Las cifras de producción no parecían dejar margen para la duda, así que todos asintieron dando pie a un debate acerca de cuáles debían ser las nuevas cifras.

Durante mucho tiempo el debate fue una subasta de números hasta que José intervino.

—Todos conocemos las cifras que tenemos en cada una

de nuestras secciones y en cada uno de nuestros productos —afirmó José—. Y todos sabemos cuáles son las principales acciones de mejora que podríamos intentar. Sabiendo eso, ¿no podemos hacer una estimación de cuánto podríamos mejorar? Si ponemos toda esa información junta, nos dará los nuevos objetivos.

—Sí, es algo que podemos trabajar durante todo este mes. Y en la próxima sesión traemos esas cifras y las ponemos en común, si os parece —dijo David.

Entonces Javier intervino con un tono serio.

—Yo, señores, me reservo el derecho de veto a los números que salgan.

Se hizo el más absoluto silencio. Todas las miradas se dirigieron a Javier. Ninguno de nosotros podía creer lo que acababa de oír. Tras unos segundos, prosiguió:

—Si las cifras que proponéis son demasiado altas, yo no las aceptaré. Los objetivos que marquéis deben ser para mejorar los que tenemos ahora, es cierto. Pero deben ser alcanzables.

Y respiramos aliviados.

—Yo os puedo echar una mano, si queréis —comentó David—. La puerta de mi despacho está abierta para cualquiera que necesite información o ayuda para hacer esos números.

Y así, con el compromiso por parte de los encargados, con la oferta de ayuda de David y con la prohibición de Javier de establecer objetivos inalcanzables, acabó la reunión. Un año atrás nosotros les habíamos propuesto unos objetivos, los habían superado y en la próxima sesión serían ellos quienes nos presentarían los nuevos objetivos a nosotros.

Cree las condiciones para que su equipo pueda tomar la iniciativa.

Usted no puede cambiar los objetivos unilateralmente. Si realmente quiere o necesita el compromiso de su gente para «resolver la diferencia» entre lo que ahora hacen y lo que podrían hacer, las propuestas y las modificaciones deben partir de ellos. Ayúdeles en el proceso.

28

Aquella tarde

No digas «es imposible».
Di «no lo he hecho todavía».

Proverbio japonés

No existe lo imposible.
Sólo cosas que no se han hecho todavía.

Proverbio árabe

Cuando la sesión acabó Javier nos pidió a David, Miguel y a mí que nos quedáramos. Sin duda, querría hablar con nosotros de lo que había sucedido en la reunión. Así que fuimos a almorzar juntos al comedor de la fábrica. Durante aquella media hora larga no hablamos de la reunión. Las familias, el próximo fin de semana y el repaso a las noticias de actualidad política y económica fueron los temas que tocamos mientras comíamos.

—Os invito a café —dijo Javier, y nos dirigimos a su despacho.

En las anteriores ocasiones en que había estado en su despacho era él quien nos autorizaba a que nos sirviéramos nosotros mismos. Esta vez tomó varios botellines de agua y nos los ofreció mientras nos preparaba café.

—Bien. ¿Cuáles son vuestras impresiones después de la reunión? —nos preguntó tras sentarse.

—Sorprendido —dijo Miguel.

—Si hace un año me hubieran dicho que llegaría el día en que ellos establecerían los objetivos de fábrica, sencillamente no me lo hubiera creído —dijo David.

—Y tú, Carlos, ¿qué opinas?

—Comparto la opinión de David. Hace un año no me lo hubiera creído. Pero también es verdad que hemos avanzado lentamente pero sin pausa en esta dirección. Hace un año era imposible imaginarlo pero hace un par de meses, ¿por qué no?

—¿Y tú qué piensas? —preguntó David a Javier.

—Yo tengo una sensación extraña. O, quizás, una mezcla de varias sensaciones. Sigo sorprendido por lo que he oído, visto y vivido hoy en la reunión. Tengo la sensación de que a nivel de cifras aún podemos avanzar mucho y especialmente después de la demostración de compromiso que nos han dado. Pero también —y Javier hizo aquí una pequeña pausa— tengo la sensación de haber llegado a final de trayecto. Creo que con nuestra gente ya hemos hecho todo lo que podíamos hacer y que hemos obtenido todo lo que podíamos obtener.

—Sí, yo también siento algo parecido —dijo David—. Hemos trabajado lo que nos comprometimos a trabajar ahora hace un año. Confianza, colaboración, humildad, paciencia, tolerancia al error, proactividad, una cultura de mando diferente… En fin, todas esas cosas que Carlos nos ha explicado durante este año.

—Mi sensación no es esa —dijo Miguel—. Yo creo que debemos continuar haciendo cosas. No podemos parar. Como Carlos ha dicho en más de una ocasión: motivar y liderar personas es como una montaña rusa; o subimos o bajamos pero nunca vamos a poder estarnos quietos mucho tiempo. Lo único que no sé es qué debemos hacer para que continúe.

—Yo creo —dije— que la evolución natural del proyecto es hacia abajo, dando continuidad en el resto de la fábrica a lo que hacemos en las sesiones. Ampliar este grupo de treinta personas hasta conseguir abarcar la totalidad de la fábrica. Algo hemos empezado a hacer ya con las reuniones que los encargados hacen con su gente. Y podemos hacer otras muchas cosas. Pero ése es el camino: involucrar a más gente.

—Si te digo que involucrar a toda la empresa es imposible, me lo rebatirás, ¿verdad? —dijo Javier dirigiéndose a mí.

—Te responderé con una pregunta: ¿cuántas de las cosas que hemos conseguido durante este año te hubieran parecido imposibles si alguien te las hubiera explicado ahora hace un año?

Javier no respondió pero esbozó una sonrisa de complicidad.

—¿He respondido a tu pregunta? —le dije—. Y Javier, sin perder su sonrisa ni pronunciar una palabra, asintió con la cabeza.

**Cree las condiciones para el cambio
y se sorprenderá viendo que su lista de
«imposibles» se reduce considerablemente**

Vivirá momentos en los que le parecerá que no puede avanzar, que ha tocado techo, que ya lo ha hecho todo. Deberá, entonces, hacer cosas distintas e incorporar talentos diferentes para seguir avanzando. Explore otros caminos, pero nunca pierda su Norte, ni los valores y competencias que lo inspiran.

CUARTA PARTE

¡Todos!

29

Todo aquello que Javier, David y Miguel siempre quisieron saber sobre el liderazgo, los valores, el compromiso y la motivación pero nunca antes se atrevieron a preguntar

Cualquier tecnología lo suficientemente desarrollada es indistinguible de la magia.

ARTHUR C. CLARKE

Había pasado casi un año desde aquella mañana de julio en que nos hicimos a la mar como unos pescadores más (aunque sería más apropiado decir como unos polizones jugando a pescadores) y medio año largo desde la histórica sesión de septiembre en que ellos nos plantearon la posibilidad de aumentar el nivel de exigencia de los objetivos.

En aquel momento sentí que mi trabajo estaba hecho. Aunque no podía afirmar que hubiera acabado, sin embargo, aquello que les quedaba por hacer debían hacerlo sin mí. Así que, gradualmente comencé a modificar mi rol en las sesiones con los encargados. Hasta entonces había actuado como formador antes de la pausa y como facilitador de la sesión de análisis y solución de problemas, mientras que ahora debía centrarme en la incorporación progresiva del resto de la fábrica en el proyecto. Si queríamos que nuestra barca siguiera navegando, mi ya antiguo rol podía y debía ser asumido por otros. Durante todo este tiempo no todo había sido fácil.

La formación con los encargados había ido bien y sus frutos se habían dejado ver tanto en el trato personal con su gente como en las reuniones periódicas de solución de problemas con los respectivos equipos que habíamos decidido crear y a las que yo había asistido en su inicio.

Pero la implantación de otras acciones no había sido fácil ni rápida. Al mismo miedo y desconfianza inicial, que ya habíamos experimentado con el grupo de encargados, se le había unido la complejidad de incorporar a todo este colectivo de forma gradual, efectiva y motivadora. Los avances estaban siendo lentos, más de lo que hubiera cabido esperar después de haber vivido ya el proceso equivalente y de contar con una nueva herramienta: las reuniones de los encargados con sus equipos. Sin embargo, y eso era lo sorprendente, el grupo en su totalidad vivía en un clima de entusiasmo relajado, centrado en la resolución de los problemas, como nunca antes lo había estado.

Y así, poco a poco, nos íbamos acercando a ese horizonte final de dos años que Javier, David, Miguel y yo nos habíamos marcado en su día. Quedaban unas semanas aún para la actividad al aire libre con la que íbamos a celebrar los dos años de vida del proyecto, los dos años de buenos resultados, los dos años juntos, y debía verme con David para hablar de la actividad.

Habíamos aplazado la reunión ya en un par de ocasiones, pero se acercaba la fecha y debíamos vernos. Nuestra agenda era complicada pero no podíamos aplazarlo más. Así que decidimos quedar para almorzar un sábado y, entre plato y plato, hablar.

Era poco antes de la una del mediodía cuando David pasó a recogerme el día acordado. Fuimos hasta una casa de turismo rural, a pocos kilómetros de la fábrica. David había reservado una sala para poder comer solos. Era una antigua habitación de la casa, pequeña pero con un gran ventanal con vistas a un jardín que era la antesala de un bosque y que permitía la entrada de luz natural.

—Bien, Carlos, ¿con qué nos sorprenderás esta vez?

—Había pensado en algo sencillo. Si el objetivo del año pasado fue vivir la metáfora del mar y de la pesca y celebrar que estamos juntos, este año podría ser algo así como «más allá de lo que digan los números, somos una gran familia».

—¿Y cómo, exactamente, habías pensado concretar esa idea?

—Mi planteamiento es simple: jornada de puertas abiertas para todos, también para las familias, y organizar actividades simples para todas las edades, como si fuera la fiesta mayor de un pueblo pequeño.

—Encargados y operarios enseñando orgullosos la fábrica a sus familias —añadió David—. Me gusta la idea.

—Habría que organizar el *catering*, pensar en los juegos...

165

—Sí, sí, ya hablaremos de los detalles —me interrumpió David.

No puedo decir que me sorprendiera la rapidez con que David dio por cerrado el tema. La conversación sobre la actividad podíamos haberla tenido perfectamente por teléfono y no hubiera durado más de quince minutos. Sabía que su insistencia por vernos no era debido a la actividad, aunque no sabía el porqué.

—¿Te puedo preguntar un par de cosas, Carlos?

—Primer plato, segundo plato, postres y cafés. David, tenemos tiempo para unas cuantas preguntas.

—Ya sé que dices que todo lo que hemos conseguido, lo hemos conseguido nosotros, no tú. Y quizá sea verdad. Pero sigo pensando que sin ti no hubiéramos hecho nada de todo esto. Y quería agradecértelo.

—Gracias, David. Yo os he guiado, y es cierto que sin esa guía quizá no hubierais encontrado fácilmente la manera. Pero todo lo habéis hecho vosotros. Y estoy convencido que de no haber sido así, no hubiera funcionado.

—Realmente, sé que hemos hecho cosas. Pero mi sensación es que no sé qué hemos hecho y, aún menos, por qué lo hemos hecho. Lo he comentado con Javier y Miguel y su sensación es la misma.

—Verás, David. El primer contacto que tuve con vuestra situación fue una conversación con Javier. Escuché datos objetivos pero también intenté leer entre líneas; y leí en las palabras de Javier cómo quería esta fábrica, lo que suponía para él, su pasado, las personas que conocía y apreciaba. En definitiva, lo que era para él la fábrica más allá del inmovilizado y las cifras de producción diarias y de ventas.

—¿Y al resto?, ¿también nos leíste entre líneas?

—Sí. Yo no tenía ni idea de cómo funcionaba vuestra fábrica, ni del proceso productivo. Y, sinceramente, tampoco sé mucho más ahora de lo que sabía entonces. Pero sé algunas cosas sobre personas, sobre sus conductas, sus relaciones y emociones. Y sé que eso es lo que hace que todo funcione y que eso es lo que puede ocasionar que nada funcione. Nuestra complejidad como personas es lo que hace que juntos sumemos esfuerzos o que compitamos y restemos.

—Suena más complejo que dirigir una fábrica.

—No lo sé. No he dirigido nunca una fábrica, así que no puedo opinar. Pero es cierto que no es sencillo. Porque las relaciones y las emociones es el mar donde todos nadamos. O, mejor dicho, el mar en el que buceamos, ya que estamos sumergidos en él. Y precisamente por esa complejidad debía buscar algunos principios que fueran sencillos y universales, válidos y útiles, que nos sirvieran de Norte. Debíamos encontrar ese Norte e ir abriendo camino con lo que teníamos, que eran algunas herramientas y, sobre todo, las personas.

—Para alguien educado en un pensamiento lógico, técnico, científico, como yo, suena a ir tomando decisiones sobre la marcha. Yo no sé si sabría...

—Por descontado que sabrías. Y si reflexionas sobre un día tuyo cualquiera en la fábrica, seguro que gran parte de tu tiempo está dedicado a gestionar imprevistos y a tomar decisiones que implican darle la vuelta a las previsiones que tenías. O si no a darle la vuelta, como mínimo a replantearte tu agenda del día.

David no dijo nada pero su sonrisa era de complicidad.

—Y lo del Norte y el camino quizás ha sonado a improvisado, pero no es así del todo. Realmente tenía claro a dónde quería llegar, cuál era el proceso y algunas de las reglas que debían ser observadas.

—¡Un proceso!, suena bien. Soy todo oídos.

—El Norte magnético al que llegar era el compromiso de la gente. Sin compromiso no hay mejora sostenida posible ni excelencia. Y para llegar a ese compromiso debía existir identificación y un buen clima entre las personas. Sin identificación no hay compromiso y sin vinculación tampoco lo hay. Tenía que objetivar ese Norte y esos pasos en algo concreto, en unos objetivos precisos que ir aumentando poco a poco. Eso nos daría el *feedback* de si estábamos haciendo las cosas bien y de si íbamos en el buen camino y con ello encontraríamos la motivación para seguir avanzando.

—Pero una cosa es ir consiguiendo los objetivos y otra es lograr el compromiso, Carlos. Por lo que he podido aprender en estos dos años acerca de estos conceptos de los que hablas, creo que conseguir los objetivos y estar comprometido no son la misma cosa. Y que podíamos haber alcanzado los objetivos sin haber estado comprometidos.

—Tienes razón. Por eso debíamos centrarnos en el compromiso, en el Norte. Y para llegar a ello debíamos de trabajar una serie de conceptos que habían de vivirse y asumirse para poder ser integrados como nuevos hábitos en nuestro día a día. Algunos conceptos tienen que ver con cómo me veo y con mi conducta personal y otros con cómo me comporto en situaciones interpersonales.

Los que tienen que ver conmigo como individuo serían la motivación de logro y la proactividad, el hacer lo correcto. Podríamos resumirlos como «la manera de abordar los problemas». Nada de buscar excusas, de culpar a los demás o de huir de los problemas. Sencillamente poner el foco en pensar qué podemos hacer aquí y ahora para resolverlos con los recursos de que disponemos.

En un segundo bloque irían los que tienen que ver con «cómo me relaciono con los demás». Y el marco ideal en el que deben darse esas relaciones ha de ser un clima de aprendizaje continuo. La manera de hacerlo es colaborando, creando sinergias, apoyándonos mutuamente y dando *feedback* a nuestra gente acerca de cómo trabajan.

Aquí vuestro papel, el de Javier, Miguel y el tuyo, era básico. Vosotros erais y sois el espejo en el que ellos se miran, como ya hemos comentado anteriormente. Debíais tolerar el error como paso inevitable hacia el aprendizaje y alejar al grupo de la cultura del superhéroe creando una nueva cultura basada en la humildad.

—Me sorprende lo del superhéroe y la humildad. Nunca te había oído hablar de estos conceptos. En cambio, de la tolerancia al error sí.

—Las tres van unidas. Los grandes aprendizajes de la vida se dan equivocándonos. Tú tienes hijos, David. ¿Recuerdas cuando aprendieron a caminar?

—Sí. Perfectamente, sobre todo la pequeña. Era verano, estábamos de vacaciones y en unos días pasó de gatear a caminar con seguridad.

—Un buen día el niño decide intentar ponerse en pie y se cae. Pero se levanta y vuelve a probarlo en ese mismo momento o ese día o unos días más tarde. Lo intenta una y otra vez hasta que en unos días o semanas camina. Si no hay un impedimento físico todos los niños acaban caminando. Y casi todos acaban nadando y yendo en bicicleta. Pero todos después de haberse caído varias veces. Ahora imagina por un momento qué pasaría si lo riñéramos o castigáramos cada vez que se cae en vez de consolarlo, de jugar con él y de alentarlo a que vuelva a probarlo.

—¿Quieres decir que no caminaría?

—No lo sé, pero afortunadamente la naturaleza nos ha dado este tipo de respuestas positivas para esta situación. Yo no sé si es el instinto, la lógica, el sentido común o la empatía, dale tú el nombre que consideres más apropiado. Pero cuando nuestros hijos se caen, los tratamos con cariño y les alentamos a que se pongan de pie y vuelvan a intentarlo.

»Desgraciadamente no veo eso en las empresas a menudo. Todo ha de estar bien. Todo yo solo. Todo ya. Todo a la primera... Es algo presente en nuestra sociedad. Es la cultura de la prisa y del superhéroe. Si me permites la broma y la referencia cinéfila, David, es el síndrome "Trinity".

—¿Qué Trinity?, ¿la Trinity de *Matrix*?

—Sí. ¿Recuerdas aquella escena en que Trinity se halla en una azotea, debe escapar y ve un helicóptero? Ella no sabe pilotarlo, pero llama a la nave nodriza y pide que le descarguen un programa para poder hacerlo. Se lo descargan directamente en su cerebro en cuestión de décimas de segundo y, acto seguido, sube al helicóptero y se aleja pilotándolo como si lo hubiera hecho toda la vida.

»¿Crees que tan sólo es una película, verdad? Pues a veces pedimos eso a nuestra gente. Todo ya, ahora, a la primera y perfecto. Como si fueran los superhéroes que vemos en el cine o en los cómic que leíamos de niños.

»La antítesis sería la cultura de la humildad en sus diferentes acepciones. Es aceptar que yo sólo soy una pequeña parte, que la organización me necesita, que aunque sea importante y sea un profesional yo necesito a los demás más de lo que ellos me necesitan a mí. Porque sin los demás no puedo conseguir mis objetivos ni la organización los suyos. Es aceptar que los resultados pueden tardar en llegar y preguntarnos si estamos haciendo lo correcto. Si la respuesta es afirmativa, debemos seguir. No queramos ser superhéroes salvadores. Y por último, es humildad para centrarnos en lo que podemos hacer. No en lo que escapa a nuestro control. Y lo que controlamos es nuestro esfuerzo, nuestro trabajo, la decisión de hacer lo correcto. Si focalizamos nuestra atención en el resultado y perdemos de vista que éste tan sólo es una consecuencia del trabajo bien hecho, nunca haremos lo correcto para llegar.

—¡Vaya! ¿Todo eso hemos hecho sin saberlo?

—Todo este cambio era algo que debíais hacer vosotros. Yo podía ayudaros, pero erais vosotros los que debíais liderar al grupo. Los que debíais transmitir claridad, credibilidad y confianza. Los que debíais trasmitir qué era correcto y qué no. Y respecto a hacer lo correcto en una empresa hay varias maneras de aprender qué es lo que debe hacerse y qué no.

»Una primera manera es mediante los procesos y procedimientos de trabajo. En ellos se nos dice qué debemos hacer y cómo. El problema es que normalmente sólo se ciñen a lo técnico, al contenido de nuestro puesto. Los procedimientos y procesos no dicen nada de cómo gestionar correctamente nuestras relaciones interpersonales.

»Una segunda manera es ver por qué nos pagan y actuar en consecuencia. Si nos pagan por hacer algo y hacerlo de una determinada manera, eso es lo que haremos. Por eso era tan importante para el proyecto que pagáramos por objetivos globales y por trabajar juntos para conseguirlos. Un pago por objetivos individuales, que deben conseguirse compitiendo, hubiera supuesto una hipoteca muy pesada para este proyecto, un obstáculo insalvable.

»La tercera manera es hacer lo que nos dicen que hagamos. Y eso no siempre coincide con las instrucciones derivadas de los dos puntos anteriores.

»La cuarta manera es por imitación de los modelos que tenemos. ¿Qué hacen nuestros jefes?, ¿cómo se comportan? Y lo que es más importante, ¿coincide o no lo que hacen con lo que dicen que hacen?, ¿y con lo que nos dicen que debemos hacer?, ¿coincide o no?

»Si las cuatro maneras no van alineadas, si ofrecemos un modelo incongruente o diferentes modelos a la vez, como prefieras llamarlos, les estamos ofreciendo opciones a elegir y entonces elegirán en función de sus criterios y necesidades, no en función de las necesidades de la fábrica en su globalidad.

»El criterio variará según el momento y necesidad y no constituirá una base estable sobre la que construir el modelo de conducta y de relación interpersonal de trabajo que queremos.

—Así pues, debíamos ser modelo para ellos. ¿Y en qué tipo de modelo pensaste?

—El modelo tenía que ser congruente con los valores y competencias que hemos comentado antes. Pero, por encima de todas las otras, destacaría que debíais transmitir confianza, confianza en vosotros mismos como un equipo capaz de llevar adelante este proyecto, capaz de comunicar el sentimiento auténtico de que confiabais en ellos como profesionales y como personas, y capaz de posibilitar que ellos sintieran que podían confiar en vosotros. Y para eso debíais ser claros, transparentes y congruentes.

—Congruencia para la confianza y confianza para la congruencia. El pez que se muerde la cola, ¿no?

—Sí, es cierto. Explicamos todas estas cosas por separado, una tras otra, pero en la realidad todas están interconectadas. Porque las personas y la realidad son complejas, y la complejidad está hecha de interconexiones.

—Ya me explicaron lo del hormiguero interconectado —se rió—. Ahora ya tenemos los conceptos, lo que tú llamas el Norte y el equipo que lidera. ¿Qué más?

—Ahora hay que ponerse en marcha. No es fácil pero no es lo más difícil. Lo difícil, como dirían los artistas y deportistas de élite, es mantenerse. Mantenerse en marcha en el camino, en nuestro caso.

Por supuesto, también hace falta un momento en el que dramatizar que todo empieza, que empieza con ellos y que sin ellos no podría ser posible.

—Lo de dramatizar suena a falsedad. ¿No es incongruente con los valores de honestidad y confianza de que hablabas?

—Dramatizar no necesariamente quiere decir engaño. Todos hemos asistido a unas cuantas bodas. Y nada de lo que pasa en ellas es falso. Los sentimientos de los novios son auténticos. A no ser que se casen obligados o por conveniencia económica, claro. Pero en el resto de casos los sentimientos de los contrayentes en una boda son auténticos.

»Y sin embargo, una boda es una gran dramatización. No para convencernos de algo que es falso. Al contrario, una boda es una dramatización que cumple dos funciones. La primera es que todos sepamos lo que sucede, y que todos sintamos que nos invitan porque les importamos y porque cuentan con nosotros. Y la segunda función es actuar como amplificador de esas emociones, de esas sensaciones. Y ese precisamente era el objetivo de una ceremonia de dramatización como la que vivimos en la primera sesión con los encargados. Dar a conocer las emociones y amplificarlas. El resto de sesiones también han sido dramatizaciones, aunque tan sólo un número reducido de ellas pueden ser de una intensidad similar.

—Por eso la emotividad con que la vivieron algunos —dijo David.

—Cierto. ¿No conoces de gente que llora en las bodas? Siguiendo con el ejemplo de las bodas, lo difícil es permanecer unidos, que esas emociones sigan vivas y no sean sustituidas por emociones negativas.

—Es verdad. Y supongo que hay que cambiar los hábitos de la soltería por hábitos diferentes para la vida en pareja o en matrimonio —dijo David.

—Emociones vivas y nuevos hábitos. Esa es la clave. Aquí nuestras herramientas son varias. Las propias reuniones, las herramientas de comunicación, los rituales de celebración...

—¿Como las bodas?

—Como las bodas y como las actividades al aire libre y las celebraciones que hemos hecho a lo largo de todo este tiempo. Para celebrar los resultados pero también el hecho de poder estar juntos, de trabajar juntos. Y, sobre todo, para celebrar que estábamos haciendo lo correcto. Es decir, celebrando todos y cada uno de los pequeños avances realizados. Y al mismo tiempo, algo de lo que ya hemos hablado antes, con una retribución que premie trabajar juntos, apoyarnos, ayudarnos mutuamente y pensar que los problemas y las soluciones no son mías o tuyas sino de todos.

—¿Y hablabas también de la comunicación y de las reuniones?

—Sí. Yo lo englobaría en el siguiente paso. Después de crear un equipo que lidere en torno a una nueva cultura y de proveernos de herramientas para mantener la nueva cultura, el siguiente paso tiene que ver con «a quién lideramos».

—Es decir, tiene que ver con nuestros compañeros de viaje, si nos creemos que en este viaje todos somos iguales —apuntó David.

—Cierto, nuestros compañeros de viaje. El cuarto y quinto punto tienen que ver con nuestros compañeros de viaje. Tienen que ver con cómo hacemos llegar todo esto a la empresa entera. Cómo los lideramos en el viaje hacia el Norte magnético.

»Primero cómo lo transmitimos a todos aquellos que también lideran personas (el cuarto punto). Y eso es lo que hemos hecho a través de las reuniones mensuales, aunque no sólo con las reuniones mensuales. Y después al resto de la plantilla (el quinto punto). Y para ello disponemos de varias herramientas.

»La primera de ellas es la propia metáfora del proyecto. En este caso ha sido el mar y el oficio de pescador, pero podría haber sido cualquier otra que pudiera actuar como espejo y amplificador de los valores y emociones. Podría haber sido una montaña que escalar, un equipo haciendo un viaje juntos, una caravana atravesando el desierto, la construcción de un puente o, repito, casi cualquier otra cosa.

»La metáfora nos ayuda a comunicar los valores, a que estén siempre presentes en todos nosotros sin necesidad de estar continuamente hablando de ellos.

»La segunda herramienta es la propia reunión. Su estructura, los temas tratados, el hecho de estar todos, el hacerla en horario de trabajo, el tener un calendario y que sea respetado por todos, sin excepción. Todos estos aspectos nos ayudan a hacer que las reuniones se conviertan en algo importante.»

—Reconozco que me costó un poco ver la necesidad y utilidad de las reuniones —comentó David.

—En tu defensa debo aceptar que parte de la mala fama de las reuniones es justificada. A menudo están mal planificadas y peor gestionadas, no se hace sino dar vueltas a los temas sin llegar a acuerdos y, si se llega a tomar acuerdos, a veces no se hace un seguimiento de si se ponen en práctica o no.

»Debo añadir que comprendía tu escepticismo respecto a las reuniones y al hecho que todos estuvieran en un único grupo. Pero si queríamos cambiar al grupo no podíamos hacerlo uno por uno, por separado. Debíamos hacerlo estando juntos, trabajando juntos los problemas.

—Sí, a veces he tenido la sensación que para ti era más importante el hecho de que hablaran que lo que decían o las soluciones que proponían.

—Es cierto, sobre todo al principio. Lo importante era que hablaran, que propusieran ideas, aunque no fueran las mejores soluciones posibles. No se trataba de hallar la solución perfecta sino de crear un equipo que solucionara problemas.

—¿Y con los operarios?

—Con ellos, como sabes, el proceso ha sido similar. Pero no era posible abordarlo todo de una sola vez. Cuando el grupo de encargados estuvo maduro, entonces fue el momento de ampliar nuestra área de influencia, incorporando a los operarios.

—En fin, a grandes rasgos, esto es lo que hemos hecho durante estos dos años, David.

—Explicado así, Carlos, parece sencillo. Oyéndote hasta parece evidente que deba ser así. Y parece imposible que sea de otra manera. Pero si yo tuviera que explicarlo, no sabría hacerlo.

—Sí sabrías. No tengo ninguna duda. Lo explicarías a tu manera y con tus palabras, pero en realidad no sería muy diferente de como yo lo acabo de explicar. Aunque debo confesarte que toda esta explicación puede resumirse. Todo lo que hemos hecho se puede resumir en dos palabras.

—¿Y cuáles son esas dos palabras mágicas?

—Son las dos palabras que, sin ninguna duda, más hemos utilizado en estos dos años: «YO CREO».

—Creo que deberías explicarte.

—Yo también lo creo.

Y entre risas y cafés, le expliqué los tres significados de las dos palabras mágicas.

Motivar a personas y equipos ni es imposible, ni es magia.

Recomendaciones para crear las condiciones que hagan posible el compromiso.

- Establezca valores y competencias, son el Norte que necesita.
- Cree unos objetivos que le permitan reconocer si está haciendo lo correcto y cree un equipo que pueda impulsarlo.
- Cree un mecanismo que posibilite consolidar esta nueva cultura.
- Cree una metáfora que le permita comunicar constantemente los valores y competencias.
- Comprometa a todo aquel que tenga capacidad de influencia.
- Haga llegar a todos el espíritu de esta nueva cultura.
- Combine el objetivo a largo plazo con objetivos a medio plazo.
- Refuerce los mensajes de que todos son un solo equipo.
- Use el poder de las metáforas.
- Frene el malestar, el liderazgo negativo. Use al grupo para resolver problemas y gestionar los conflictos.
- Organice de forma efectiva y útil las reuniones y venza el miedo de su gente a participar.

30

Yo creo

LUKE. ¡No puedo creerlo; es imposible!
YODA. Lo sé. Por eso fallaste.

El Imperio contraataca,
dirigida por IRVIN KERSHNER

—Todo lo que te he explicado hasta ahora —continué diciéndole a David— puede resumirse de una forma tan sencilla como las diferentes acepciones de «YO CREO». Repasémoslas una por una.

»Por una parte, YO CREO alude al acto de creer. Es la primera persona del singular del presente de indicativo del verbo *creer* que, a diferencia de *saber*, significa pensar que algo es cierto a pesar de no tener evidencia de ello. Yo puedo creer que existe vida inteligente en otros planetas a pesar de no tener evidencia alguna de ello o, por el contrario, puedo creer que no existe vida inteligente fuera de nuestro planeta a pesar de que un simple cálculo del extraordinario número de galaxias, estrellas, planetas y satélites hace que matemáticamente sea más probable que exista vida que lo contrario. Yo puedo creer que existe vida inteligente en otros planetas o puedo creer que no, pero en ambos casos son sólo creencias. No es algo que yo sepa porque no existen evidencias y saber implica el conocer y la evidencia.

»En ese sentido, iniciar este proceso de mejora es un acto que, a pesar de experiencias exitosas en otros ámbitos, nos exige creer que es posible aquí y ahora con los recursos humanos y materiales de que disponemos. Y aún más importante, exige creer que es necesario y deseable, más allá de las cifras.

»Por otra parte, YO CREO tiene una segunda acepción: yo creo en ti o yo creo en nosotros. Es la decisión personal de pensar en las capacidades y posibilidades de desarrollo de las personas, tanto individualmente como en grupo, y de confiar en la voluntad de esas personas de cumplir los acuerdos, de dar ese punto más de valor añadido.

»Si la primera acepción de creer nos remite a pensar, a lo cognitivo, a un tipo de conocimiento sin evidencias ni certeza, esta segunda acepción está vinculada a lo emocional, a los sentimientos y al valor de la confianza. Lo cognitivo, nuestros pensamientos, y lo emocional, nuestros sentimientos, las emociones unidas en una sola palabra.

»Y aún existe una tercera acepción de YO CREO que se da en español, el idioma en que estamos teniendo esta conversación. YO CREO es también la primera persona del singular del presente de indicativo del verbo *crear*. Curiosamente, esta coincidencia sólo ocurre en la primera persona del singular de dicho tiempo verbal. No existe otra coincidencia entre creer y crear, como si nos sugiriera que si yo aquí y ahora decido creer, yo aquí y ahora puedo crear aquello en lo que he decidido creer. Y esto sólo es válido para mí (yo), es decir, «creer para crear» es algo que únicamente yo puedo hacer. Sólo yo puedo «creer para crear» y sólo yo puedo hacerlo aquí y ahora.

»Mientras las dos primeras acepciones nos remiten al camino, al proceso de mejora y a la decisión de iniciar el camino, al CREER, esta tercera acepción nos habla del hecho de CREAR, de lo que queremos hallar al final del camino.

»Puede parecer tan sólo una pequeña coincidencia lingüística, una pequeña travesura de nuestro idioma, pero hay múltiples estudios que nos hablan de cómo lenguaje y pensamiento interactúan entre sí y se influencian mutuamente. Es el caso de la programación neurolingüística como ciencia y de los *lapsus linguae* de los que nos hablan los psicoanalistas, por sólo citar dos ejemplos, aunque la lista podría extenderse.

»O podemos, sencillamente, aceptarla como un caso extremo del efecto Pigmalión, de la profecía autocumplidora; la declaración de principios de alguien que decide confiar en las personas, CREER PARA CREAR.

»En definitiva, ¿cómo podríamos resumir en un par de líneas, todo lo que hemos vivido hasta ahora?»

Si realmente crees, crearás aquello en lo que crees. Y si crees en tu gente, juntos crearéis resultados. ¿No crees?

Epílogo

Como ya les anticipaba en la introducción, al final de cada capítulo han podido hallar algunas recomendaciones relacionadas con las situaciones descritas en ellos. Todas han sido utilizadas en las situaciones reales que inspiran los capítulos que han leído.

En la introducción también les anticipaba que no esperaran hallar referencias a grandes modelos teóricos que hayan podido inspirar el proyecto o a las diferentes acciones.

Si bien todo ello es cierto, también es verdad que después de estos años no he podido evitar teorizar acerca de por qué han funcionado las acciones que así lo han hecho (especialmente después de hacerlo en entornos tan diferentes como España, Portugal, el norte de África, el este europeo y Sudamérica) y qué pasos no deben darse sin haber agotado los anteriores. Y después de darle muchas vueltas en busca de ese número reducido de verdades que «aparecieran ante mí de forma clara y distinta» (parafraseando a René Descartes) surgieron estas tres:

1. Los VALORES Y COMPETENCIAS. Establezca los valores y competencias que constituirán la nueva cultura. En nuestro caso son la confianza, la humildad, la proac-

tividad, la motivación de logro, la colaboración y el desarrollar a los demás.

2. Las HERRAMIENTAS. Dote a esos valores y competencias de herramientas que faciliten ese cambio cultural. Mi recomendación es que desarrolle cuatro tipos de herramientas:

- Una guía que le permita saber en todo momento si está haciendo lo correcto o no. Unos indicadores numéricos bien seleccionados podrían serle de ayuda, pero no tiene porqué ser ésta la única opción.
- Un foro donde sea posible abordar de forma libre, fraternal e igualitaria los problemas y conflictos.
- Instrumentos que permitan reforzar las conductas correctas y avanzar y abandonar las incorrectas.
- Una metáfora que le ayude siempre a comunicar los valores y competencias del proyecto sin necesidad de estar constantemente hablando de los mismos.

3. Cree un EQUIPO. La tercera verdad no puede ser otra que las personas. Cree un primer equipo que impulse el proyecto, asegurándose de su compromiso, amplíe ese equipo buscando el compromiso de todo aquel que tenga la capacidad de influir positivamente en los demás.

Busque activamente implicar a todas y cada una de las personas que forman parte de su organización.

Epílogo

Al final, como ven, todo se limita a la eterna historia de un grupo de personas que emprenden juntos un viaje que nunca hubieran podido realizar por separado, un viaje iniciático para el que cuentan con el apoyo de algunos recursos y una brújula, sus valores y ellos mismos.

Visítenos en la web:

www.empresaactiva.com